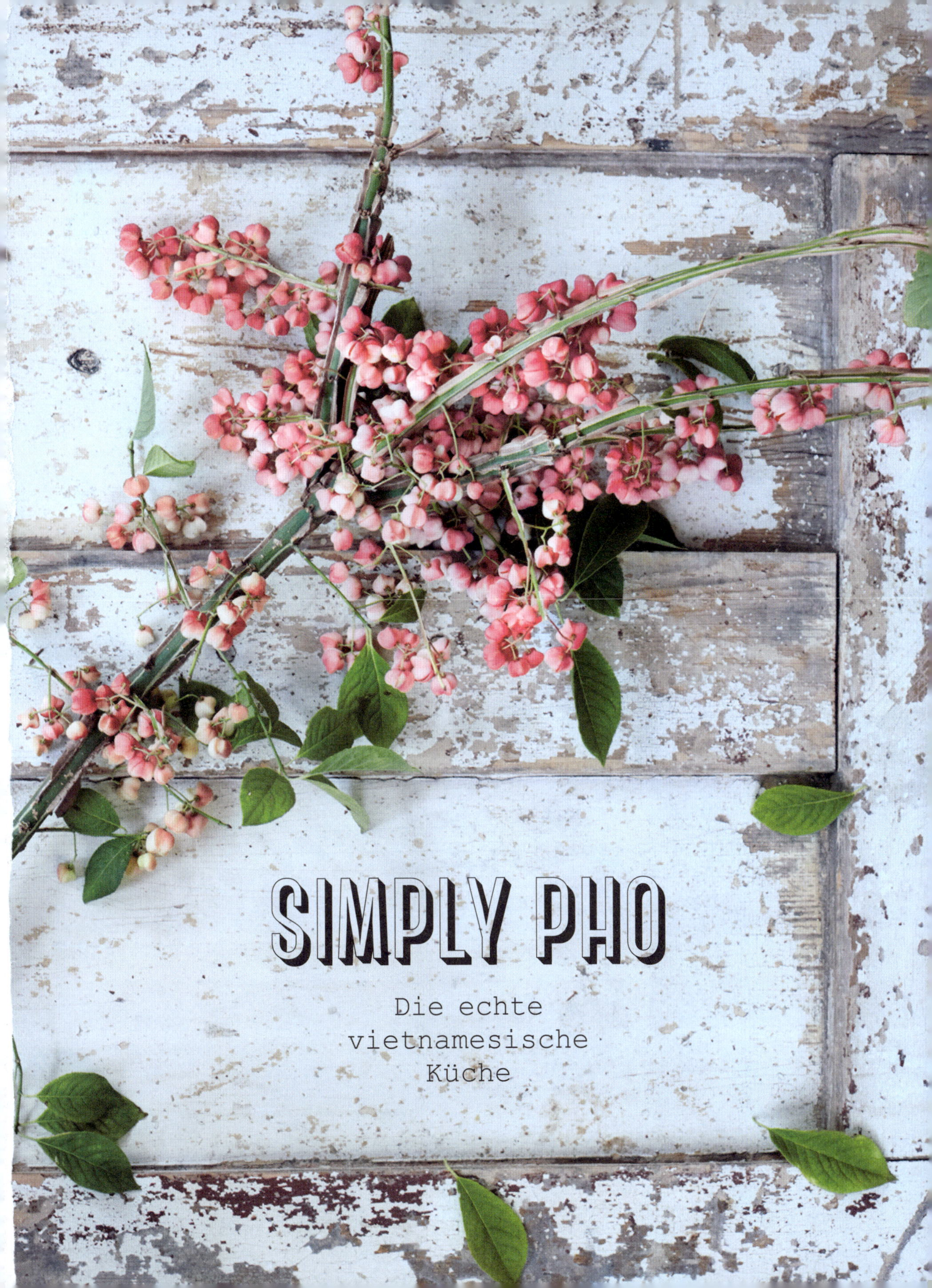

SIMPLY PHO

Die echte vietnamesische Küche

Thuy Diem Pham

SIMPLY PHO

Die echte vietnamesische Küche

Mit Fotografien von David Loftus

Aus dem Englischen von Helmut Ertl

KNESEBECK

Einführung

Das bin ich im Alter von drei Jahren vor dem Haus meiner Großmutter. Das Foto entstand, um es meinem Vater nach London zu schicken.
Cầu Ngang 1985

Die Erde war immer warm. Mittags war es unerträglich, draußen herumzulaufen. Die sandigen Straßen brannten heiß unter meinen kleinen Füßen, doch meine Schlappen musste ich für besondere Anlässe aufheben. Mein Vater hatte sie in einem großen Karton aus England geschickt. Für mich waren sie etwas ganz Besonderes, und an dem Tag, an dem ich »ihn treffen« würde, sollten sie in einem makellosen Zustand sein. Er war gegangen, als ich drei war. Ich wusste gar nicht, wie er aussah, doch ich sprach so häufig stolz von ihm, dass das niemand geahnt hätte. Über ihn zu reden spendete meiner Schwester und mir Zuversicht und meiner Mutter ein bisschen Trost.

Selbst als kleines Kind verstand ich, dass wir den Hof verlassen mussten, wenn wir eine Chance auf eine Ausbildung haben wollten. Ehrlich gesagt war ich schon ein bisschen verwirrt, denn eigentlich war ich als Kind glücklich, obwohl ich meine Mutter nachts oft weinen sah. Ich konnte nur vermuten, dass sie Vater vermisste. Ich wusste nur, dass er uns verlassen musste, um nach einem besseren Leben für uns alle zu suchen. Dafür riskierte er auf See sein eigenes, ohne Garantie auf Erfolg oder die Rückkehr in seine Heimat. Das sind die Opfer, die ein Vater für seine Kinder bringt, und dafür bin ich ihm auf ewig dankbar.

In Vietnam zurückzubleiben war für meine Mutter durchaus kein geringeres Opfer. Verantwortlich für zwei Kinder und den Hof – ohne Ehemann – hatte sie gleich zwei Rollen auszufüllen. Doch die Liebe einer Mutter kennt keine Grenzen, und sie tat alles nur Mögliche, um uns ein Leben in Geborgenheit und Sicherheit zu ermöglichen. Echte Mutterliebe lässt sich nicht in Worte fassen. Sie traf selbstlose Entscheidungen und übte klaglos Verzicht. Sie stellte ihre eigenen Träume hintan, um ihre Kinder vor Unheil und der Realität eines Lebens voller Einschränkungen – wenn auch mit viel Liebe – zu schützen. Sie hat mich zu der starken Frau gemacht, die ich heute bin.

Die Zuneigung meiner Mutter zeigte sich auf vielerlei Weise. Da aufwendige Geschenke nicht infrage kamen, äußerte sie sich in den Mahlzeiten, die sie für die Familie zubereitete. Die Zutaten mögen nicht die feinsten gewesen sein noch wurden sie allzu kunstvoll präsentiert, doch schon der Duft dieser hausgemachten vietnamesischen Köstlichkeiten ließ uns Kinder spüren, wie gern sie uns hatte. Sie kochte mit Kreativität, Genügsamkeit und Liebe. Sie war stark, als wäre es ihre Pflicht, sie liebte, als wäre es eine Gnade und sie lebte für die Zukunft ihrer Kinder.
Eine Weile kamen wir bei meinen Großeltern unter, da wir schon bald, nachdem uns Vater verlassen hatte, unsere Bleibe verloren. Ich habe mir sagen lassen, es sei niemals still, wenn ich im Haus bin, also nehme ich an, dass ich eine wahre Freude für sie war! Meine Großeltern konnten es sich eigentlich nicht leisten, drei weitere Mäuler zu stopfen, aber sie hätten uns nie abgewiesen, und insgeheim waren sie glücklich, dass ihre Tochter wieder zu Hause war. Schließlich fand Mutter ein neues Heim für uns, doch alle paar Tage reiste sie sechs Stunden Richtung Norden nach Saigon, um auf der Straße Lebensmittel zu verkaufen. Sie kam erst spät nach Hause, und an diesen Tagen blieben

Meine große Schwester Mỹ Hạnh und ich in unserer von Mutter genähten Neujahrstracht und nagelneuen Schuhen. Besonders glücklich gucken wir nicht aus der Wäsche, aber ich schwöre, wir waren es, nur eben auch ein bisschen ängstlich vor dem großen Mann mit der Kamera.
Cầu Ngang, 1986

meine Schwester und ich bei den Großeltern. Ich war gern bei ihnen. Sie besaßen eine kleine Reisfarm und ein Haus, das mir riesig erschien, dabei hatte es nur einen einzigen Raum von etwa der Größe eines großen Wohnzimmers, in dem Laken als Raumteiler von der Decke hingen. Es gab einen Garten, in dem jede Menge Obstbäume wuchsen, darunter Kokosnüsse, Mangos, Bananen, Guaven, vietnamesische Kirschen, Zimtäpfel, Wasseräpfel. Überall wucherten Zitronengras und Thai-Basilikum. Eine bunt zusammengewürfelte Schar hagerer Nutztiere lief frei herum und graste. Doch am allerwichtigsten: Es köchelte immer irgendetwas auf dem Herd vor sich hin und verströmte einen herrlichen Duft.
Von Nahrung umgeben zu sein und dennoch nicht genug zu essen zu haben war ein Widerspruch, aus dem wohl mein Faible fürs Essen und mein Respekt vor Nahrungsmitteln an sich erst erwuchsen. Außerdem hatte ich schon immer einen unstillbaren Appetit, aß ständig oder malte mir aus, was ich als Nächstes essen würde!

Ich im Alter von drei Jahren mit meiner großen Schwester und Mami, wir posieren etwas unbeholfen für ein Foto für unseren Vater. Es war das erste, das wir ihm schickten, und wir waren nicht sicher, ob es ihn je erreichen würde, zumindest hofften wir es. Trà Vinh, 1984

An jenen Tagen auf der Reisfarm lief ich ständig meiner Oma hinterher, um ihr bei der Hausarbeit nützlich zu sein. Sicher war ich eher ein Hindernis als eine Hilfe, damals war ich jedoch davon überzeugt, dass die Arbeit ohne meine tatkräftige Unterstützung kaum zu schaffen wäre. Großmutter blickte und klang immer ein bisschen zornig, hatte aber ein verschmitztes Leuchten in den Augen. Wenn alle Arbeiten erledigt waren, rief sie mich zu sich, dann rannte ich so schnell mich meine Füße trugen, denn jetzt gab es die verdiente Leckerei! Sie trug ein abgenutztes »áo bà ba« aus Flicken, eine Art Hemd, das traditionell von Männern und Frauen in den ländlichen Gegenden des Mekongdeltas getragen wird. Es hatte vorn zwei kleine Taschen, aus denen wie von Zauberhand Süßigkeiten herauskamen! Entweder »kẹo dừa«, ein in Reispapier gewickelter Kokoskaramell, oder »kẹo mè xửng«, ein sprödes Sesamkonfekt. Mein Favorit aber war »ngào đường«, ein weicher Kaubonbon aus Tamarinde. Ein recht magerer Lohn für einen ganzen Tag Arbeit auf der Farm, könnte man meinen, aber ich war überglücklich und würde vermutlich auch heute noch in Versuchung geraten!
Damals wollte ich nur eines – erwachsen sein, dann hätte ich nämlich beim Kochen helfen können und nicht nur beim Saubermachen oder bei den anderen Farmarbeiten. Jedenfalls erschien mir das reizvoller, und könnte ich erst einmal kochen, so könnte ich den lieben langen Tag essen!

Die Erinnerungen an meinen Großvater sind andere. Während Großmutter unablässig in Bewegung war und alles in einem beängstigenden Tempo erledigte, war Opa das genaue Gegenteil. Er saß meistens auf der Veranda und trank Tee, oft allein, es sei denn, es war Besuch da. Er sprach nicht viel, wenn überhaupt. Gleichmütig, gütig und weise, wie er wirkte, lächelte oder lachte er selten. Jeder schien Angst vor ihm zu haben, ich habe nie verstanden, warum. Heute weiß ich, dass die Leute im Dorf einen Heidenrespekt vor ihm hatten. Ich setzte mich manchmal zu ihm, um ihm Gesellschaft zu leisten, dann scheuchte mich Großmutter mit den Worten fort: »Du kannst da nicht sitzen. Geh raus, spielen.« Es war mir ein Rätsel, natürlich wollte er Gesellschaft und von wem wohl lieber als von seiner Lieblingsenkelin?! Ich löcherte ihn ständig mit Fragen, es gab so viel zu erfahren, wie es so ist als Erwachsener, und er schien auf jede Frage eine passende Antwort zu haben.

Ich hätte nicht anders aufwachsen wollen. Meine schönsten Erinnerungen ranken sich um die Reisfarm, einschließlich meiner Großeltern. Selbst wenn sie nicht in der Nähe waren, fühlte ich mich geliebt und geborgen. Ich wusste, dass sie für mich da sind. Sie haben meine Persönlichkeit geprägt, vielleicht unbewusst. Großmutter, ganz traditionelle vietnamesische Ehefrau und Mutter, und Großvater mit seiner Großherzigkeit und Lebensklugheit.

Auf den Spaziergang zu Urgroßmutter freute ich mich ebenso. Den Weg säumten eine Menge an Obstbäumen, und wir pflückten sämtliche reifen Früchte. Tag für Tag reiften weitere nach, so fielen meist genug ab, um selbst meinen Bauch zu füllen. Bei Urgroßmutter gab es natürlich auch etwas zu naschen. Sie bewahrte ihre Süßigkeiten in einem hohen französischen Schrank auf, den niemand berühren durfte, und holte sie nur hervor, wenn wir in der Schule gut abgeschnitten hatten. Egal wo man ist auf der Welt, Groß- und Urgroßmütter wissen immer ganz genau, wie man Kinder motiviert!

In ihrem speziellen französischen Schrank befand sich auch ein Porzellangeschirr, das nie benutzt wurde, es stand da hinter Glas, rein zur Dekoration. Sie polierte es jeden Tag gewissenhaft und kannte jedes noch so kleine Detail darauf. Wir Kinder fürchteten uns so sehr, etwas zu zerbrechen, dass wir uns nicht einmal in die Nähe des Schranks

Meine große Schwester und ich in unseren brandneuen Kleidern aus dem fernen exotischen London! Trà Vinh, 1989

trauten! Ich fragte mich, ob sie es wohl jemals verwenden würde, es kam mir unsinnig vor, es dort nutzlos herumstehen zu lassen, während wir aus alten Blech- oder Plastikbechern tranken. Ich erinnere mich, dass ich sie mal danach fragte, auch auf die Gefahr hin, einen Rüffel für meine Neugier zu bekommen. Sie lächelte, strich mir über den Kopf und sagte geheimnisvoll: »Eines Tages wirst du es verstehen.«

Heute sind diese hübschen Teller bei mir, und ja, jetzt verstehe ich, Urgroßmutter. Sie hatten einst den Großeltern meines Urgroßvaters gehört, und nachdem er im Krieg durch eine Mine ums Leben gekommen war, waren sie alles, was ihr an Erinnerung an ihn blieb. Kameras und dergleichen gab es auf dem Lande nicht, das war etwas für reiche Leute in der Stadt. Stattdessen ließ man mit etwa fünfzig von einem Künstler Porträts anfertigen, die man auf den Altar stellte, wenn jemand starb. Der ideelle Wert kleiner Andenken wie dieser alten Teekannen und Teller war viel größer als der materielle, und so wurden sie zu Erbstücken, die man von Generation zu Generation weiterreichte. Es waren Erinnerungen an Urgroßvater und zugleich Erbbesitz. Es war also Urgroßmutters Pflicht, das Porzellan in tadellosem Zustand zu halten, um es der nächsten Generation zu vermachen.
Ich bin froh, dieses kleine Stück vietnamesisches Erbe hier in England bei mir zu haben. Meine Ururgroßmutter wäre sicher hocherfreut, die Dinge auf den Fotos in diesem Buch zu sehen. Meine Großmutter ist es in jedem Fall.

Als kleines Mädchen in Vietnam verstand ich nicht, in welcher Situation meine Familie steckte. Vater war weggegangen, um ein neues Zuhause für uns zu finden, dachte ich. Dort gab es reichlich zu essen und eine große Schule mit massenhaft Stiften und Papier. Und tatsächlich war das alles, was ich mir wünschte – genug zu essen und genügend Stifte, damit ich keine Angst zu haben brauchte, wenn ich meinen verlor. Das letzte Mal, als das passierte, ging ich nach der Schule nicht nach Hause. Meine Mutter wäre aus der Haut gefahren, denn ohne Stift durfte ich nicht zur Schule, und einen neuen konnte sie sich nicht leisten. Also lief ich in Tränen aufgelöst zu meiner Tante, in der Hoffnung, sie könnte irgendwie einen herbeizaubern und alles würde wieder gut, ohne dass Mutter etwas erführe. Glücklicherweise kaufte sie mir einen neuen Stift und versprach, nichts zu verraten. Sie hielt Wort und Mutter fand es erst Jahre später heraus. So erntete ich nur einen strengen Blick statt der Standpauke, vor der ich mich als Fünfjährige so gefürchtet hatte. Noch heute zucke ich jedes Mal zusammen, wenn ich einen Stift verlegt habe. Eine Mahnung, dankbar für das zu sein, was man hat, und nicht einmal die einfachsten Dinge für selbstverständlich zu halten.

Wenn man wenig hat, bedeutet jedes bisschen sehr viel. Manchmal denke ich darüber nach, wie sehr meine Herkunft mich geprägt hat, wie stark der Einfluss meiner Vorbilder in der Familie war und wie hart wir arbeiten mussten, um eine Mahlzeit auf den Tisch zu bringen. Meine Passion fürs Essen entstand auf ganz natürliche Weise. Und damit bin ich nicht allein, meine gesamte Heimatregion in Vietnam (vermutlich sogar das ganze Land) liebt gutes Essen.
Ich habe diesen Respekt vor den Zutaten und Erzeugnissen immer in meine Küche einfließen lassen. Traditionelle und neue Gerichte zu kreieren ist schon ein Leben lang mein Hobby, und ich bin überglücklich, dass es nun auch mein Job ist!
Ich freue mich, die Gelegenheit zu haben, Ihnen einige dieser Gerichte vorzustellen, und hoffe, dass Sie viele davon zu Hause nachkochen und dass sie Ihnen, Ihrer Familie und Ihren Freunden genauso viel Freude machen wie mir.

Am Tag vor dem Abflug nach London. Wir waren ziemlich aufgeregt, endlich kam der Tag, auf den wir jahrelang gewartet hatten, aber auch ziemlich nervös, da es nun so weit war!
Im Zoo von Saigon, 1989

Thuys Basics

Die vietnamesische Esskultur

Essen spielt eine gewichtige Rolle im Leben der Vietnamesen, seit Jahrhunderten ist es das Rückgrat unserer Kultur und Lebensart. Es erfüllt viele Zwecke, ob man Freunde zu Gast erwartet oder jemandem seine Zuneigung zeigen möchte. Darum überrascht es nicht, dass die täglichen drei Mahlzeiten quasi in Stein gemeißelt sind. In einem Land, in dem die Menschen wenig besitzen, wird der Rolle des Essens und der Familie eine ungleich größere Bedeutung beigemessen. Es sind unverrückbare Konstanten, die uns alle miteinander verbinden.

Im Allgemeinen sind es immer noch die Frauen, die am Herd stehen, während die Männer das Geld verdienen, um die Familie zu ernähren. In ganz Vietnam, besonders aber in den ländlichen Regionen, beginnt der Arbeitstag in aller Frühe, darum ist das vietnamesische Frühstück traditionell recht nahrhaft. Gewöhnlich besteht es aus einer Nudelsuppe wie Pho oder aus einem Reis-Porridge mit frittierten Krapfen, dazu gibt es Fleisch und einen großen Vorrat an komplexen Kohlenhydraten, die langsam verbrennen. So wird der Energievorrat für den langen, anstrengenden Arbeitstag angelegt, denn die Zeit bis zum Mittagessen, oft bei Temperaturen von 40 Grad Celsius, ist lang.

Das Abendessen ist nach wie vor etwas Besonderes in Vietnam, es ist der einzige Moment, an dem die gesamte Familie zusammen am Tisch sitzt und gemeinsam isst. Als ich klein war, gab es keine Mobiltelefone. Selbst wenn man zu den Glücklichen zählte und einen Fernseher besaß, liefen ohnehin nur vietnamesische Opern oder Propaganda, nicht mit den heutigen multimedialen Ablenkungen zu vergleichen. Doch ob nun etwas nebenbei gedudelt hätte oder nicht, ich war schlicht und ergreifend ein »Gernesser«. Jedenfalls kreisen meine schönsten Kindheitserinnerungen ums Essen. Wir hatten nicht viel, aber das bisschen, das wir hatten - war das köstlich!

Bis zur Einführung ertragsteigernder Dünger und Pestizide in den 1970er-Jahren hatten vietnamesische Erzeugnisse Bioqualität. Glücklicherweise gibt es neuerdings eine wachsende Bewegung der Rückbesinnung und immer mehr Bauern im ganzen Land verlegen sich wieder auf traditionelle Anbaumethoden. Mein Großvater weigerte sich standhaft, Chemikalien einzusetzen, er misstraute ihrer Sicherheit. Er wollte die langfristige Kontaminierung seiner Felder nicht riskieren. So bekam ich von klein auf die Vorzüge biologischer Lebensmittel eingeschärft. Bei mir zu Hause und möglichst auch im Restaurant verwende ich Bioware. Wenn es etwas zu feiern gab, ging Großmutter hinaus in den Hof, betrachtete eine Weile die Hühner und traf dann ihre Wahl: »So, meine Kleine, heute bis du dran.« Zwei Stunden später stand der Vogel auf dem Tisch, biologischer geht es kaum.

Ein traditionelles Familienessen in Vietnam gleicht einer gemeinschaftlichen Tafel, wobei der obligatorische Reis in Einzelschalen serviert wird. Dazu wird eine Reihe von Gerichten in die Tischmitte platziert, sodass sich jeder selbst bedienen kann. Oft variieren sie in der Machart und im Geschmack: ein salziges Fleischgericht wie »thịt khô trứng« (siehe Seite 42), dazu pfannengerührtes Gemüse wie »rau muống xào tỏi« (siehe Seite 165) und eine klare Suppe, etwa »khổ qua nhồi thịt heo« (siehe Seite 72), um das Mahl harmonisch abzurunden. Kleine Beigaben wie frische Kräuter, Dips, getrockneter oder eingelegter Fisch sowie Pickles komplettieren die Auswahl.

Ich wuchs in einer großen Familie auf, mein Vater hat zwölf Geschwister, meine Mutter acht, und wenn die ganze Familie zum Essen zusammenkam, gab es etliche Tischregeln und Vorschriften zu beachten. Für ein neugieriges und stets hungriges Kind waren sie ziemlich verwirrend. Warum bekam Großvater als Erster den Reis serviert, wo er doch nicht mal hungrig aussah? Ich hatte Mami doch gesagt, dass ich am Verhungern bin! Erwachsene schienen einfach nicht zuzuhören. Natürlich stellte es sich als simples Zeichen des Respekts vor den Älteren heraus, das Familienoberhaupt bekam zuerst Reis, gefolgt von Onkeln, Tanten und den Kindern, gewöhnlich in der Reihenfolge ihres Alters.

Wenn man bei Tisch jemandem etwas reicht, vor allem einem Älteren, so sollte man es immer mit beiden Händen tun. Bis zum heutigen Tag halte ich mich daran; ich höre noch Großvaters Stimme, wie er seine Enkel ermahnt, es zeige Respekt und man müsse immer darauf achten, nicht nur zu Hause in der Familie. Anderenfalls warf es nämlich ein schlechtes Licht auf die Älteren.

Eine weitere Regel, die mir nicht einleuchtete, betraf die Reismenge. Die Schale sollte immer nur drei Viertel voll sein, eine volle Schale stellte man nur zu Ehren der Vorfahren auf den Altar. Für mich war das ineffizient, denn dadurch musste ich viel früher nach einer zweiten Portion fragen. Als mir mein Vater klugerweise zu bedenken gab, dass wir dafür mehr Platz für Fleisch und Gemüse in unserer Schale hätten, klang das für das kleine gefräßige Mädchen schon viel einleuchtender! Wenngleich ihm nie ein überzeugendes Argument dafür einfiel, warum ich nicht einfach eine größere Schale bekommen konnte …

Schwieriger nachzuvollziehen war die Regel, dass die jüngste Schwiegertochter in der Familie den Reis zu verteilen hatte. Klingt nach einem schlechten Geschäft für sie, doch erbt sie traditionellerweise gemeinsam mit ihrem Mann einmal Haus und Grund der Familie. Die arme Tante, dachte ich immer, wenn sie fertig ist mit dem Servieren, bleibt für sie selbst ja nichts mehr übrig! Mittlerweile weiß ich, dass es alles in allem doch kein so schlechtes Geschäft ist. Ein Geschäft mit eingebauter Zukunftsstrategie, könnte man sagen.

Es gibt zahlreiche Formen von Tischetikette, die man höflicherweise beherzigen sollte. Etwa: immer erst mit den Augen auswählen, bevor man zugreift, und nicht unnötig mit den Stäbchen auf der Suche nach dem richtigen Stück in den Speisen herumstochern. Speisen grundsätzlich erst in der Schale ablegen, nicht direkt von dem Serviergeschirr im Mund verschwinden lassen. Nicht die Essstäbchen auf der Reisschale ablegen, auch das ist ausschließlich bei Speisen erlaubt, die man zu Ehren der Vorfahren auf den Altar stellt. Und, so verlockend es auch ist, nicht nur die besten Happen und das teure Fleisch essen, Zurückhaltung und Rücksicht gegenüber den anderen ist ganz wesentlich. Schließlich teilt man das Mahl, da gehört es zum guten Ton, auch an die anderen zu denken.

Etwas liegen zu lassen gilt als ausgesprochen unhöflich, es beleidigt den Koch. Das hat zum Teil natürlich mit den Kosten zu tun, doch viele vietnamesische Zutaten sind frisch und günstig, besonders, wenn sie aus dem eigenen Garten kommen. Vielmehr geht es dabei um die Zeit und Mühe, die in der Zubereitung stecken. In der vietnamesischen Küche schmeckt man das Herzblut, das in eine Mahlzeit fließt. Der Koch stand den ganzen Tag in der Küche, um die Brühe zu kochen, also niemals nehmen, was man nicht aufessen kann. Und wenn man glaubt, man kann die Schale nicht besiegen … nun, Augen zu und durch! Der Koch kann die acht Stunden Arbeit nicht zurücknehmen, also tapfer sein und schön alles aufessen. Wie Sie sich vorstellen können, war das für mich ohnehin nie ein Problem!

Chili-Zitronengras-Marinade

Sốt Sa Tế

Wie bei den meisten Rezepten in diesem Kapitel gebe ich die Zutaten für diese Marinade in größeren Mengen an. Durch Herunterrechnen können Sie das natürlich anpassen.

Ergibt etwa 600 ml

200 g getrocknete Garnelen
500 ml Pflanzenöl
2 EL fein gewürfelter Knoblauch
5 Stängel Zitronengras, fein gehackt
10 Frühlingszwiebeln, nur das Weiße, fein gehackt
1 EL Garnelenpaste
1 TL getrocknete rote Chiliflocken
2 EL Zucker
1 TL Salz
2 TL Fischsauce
200 ml Chiliöl
Pflanzenöl zum Bedecken

In einer Schüssel die getrockneten Garnelen 30 Minuten in warmem Wasser einweichen. Abgießen, mit Küchenpapier trocken tupfen und im Mixer 30 Sekunden seidig-fein zermahlen. Beiseitestellen.

In einem Topf das Pflanzenöl bei mittlerer Temperatur auf 160 °C erhitzen. Zur Kontrolle ein Holzstäbchen hineinhalten. Bilden sich erste Bläschen, ist es heiß genug.

Den Knoblauch, das Zitronengras und das Weiße der Frühlingszwiebeln darin 1–2 Minuten frittieren, bis sich der Knoblauch allmählich goldgelb färbt. Die getrockneten Garnelen und die Garnelenpaste hinzufügen, anschließend Chiliflocken, Zucker, Salz und die Fischsauce einrühren. Die Temperatur auf die niedrigste Stufe einstellen und das Ganze weitere 20 Minuten garen. Ab und zu umrühren, damit der Zucker nicht verbrennt.

Das Chiliöl dazugießen, und alles noch einmal 5 Minuten erhitzen.

Den Topf vom Herd nehmen, und die Marinade unbedeckt über Nacht abkühlen lassen. In einen luftdicht schließenden Behälter oder in ein Glas füllen. Dabei obenauf vollständig mit Öl bedecken.

Trockene Pho-Gewürzmischung

Gia Vị Phở

Ergibt 150 g

50 g Sternanis
50 g Stangenzimt
30 g Koriandersamen
10 Fenchelsamen
5 Gewürznelken
5 Kardamomkapseln

In der Gewürzmühle oder im Mixer sämtliche Zutaten 1 Minute zermahlen. Hält sich in einem verschlossenen Glas kühl und trocken bis zu 6 Monate.

Annatto-Öl

Dầu Hạt Điều

Annatto-Samen findet man beim Türken, beim Inder und in jedem guten Asiamarkt. Die hübschen Samen dienen als natürlicher Farbstoff zum Einfärben verschiedener Gerichte, lassen sich aber auch als Gewürz einsetzen. Probieren Sie dazu auch getrocknete rote Chilischoten für einen angenehm feurigen Kick.

Ergibt 500 ml

500 ml Pflanzenöl
5 EL Annatto-Samen

In einem Topf das Pflanzenöl bei mittlerer Temperatur auf 160 °C erhitzen. Zur Kontrolle ein Holzstäbchen hineinhalten. Bilden sich erste Bläschen, ist es heiß genug.

Die Annatto-Samen darin 15–20 Minuten frittieren, bis das Öl eine dunkelrote Farbe angenommen hat. Stets ein Auge darauf haben und den Topf rechtzeitig vom Herd nehmen, sonst drohen die Samen zu verbrennen und werden schwarz (was dem Öl einen unangenehm bitteren Geschmack verleiht).

Das Öl 3 Stunden abkühlen lassen, in ein Glas füllen und über Nacht unbedeckt stehen lassen. Viele filtern die Samen heraus, ich lasse sie lieber in dem Öl. Sie setzen sich am Boden ab und sorgen dafür, dass sich das Aroma in den folgenden Wochen noch intensiviert. Bei Raumtemperatur gelagert hält sich das Öl bis zu 12 Monate.

Frühlingszwiebelöl

Mỡ Hành

Ergibt 400 ml

125 ml Pflanzenöl
2 Thai-Schalotten, geschält und in Streifen geschnitten
250 g Frühlingszwiebeln, das Weiße und Grüne getrennt in dünne Röllchen geschnitten
1 EL Fischsauce

In einem Topf das Pflanzenöl bei mittlerer Temperatur auf 160 °C erhitzen. Zur Kontrolle ein Holzstäbchen hineinhalten. Bilden sich erste Bläschen, ist es heiß genug.

Die Schalotten und das Weiße der Frühlingszwiebeln darin 2 Minuten frittieren. Die Fischsauce hinzufügen, gefolgt von den grünen Frühlingszwiebeln. Alles 1 weitere Minute frittieren. Den Topf vom Herd nehmen, das Öl vollständig abkühlen lassen und in ein fest verschließbares Glas füllen. Das Öl hält sich im Kühlschrank bis zu 4 Wochen, solange die Frühlingszwiebeln vollständig bedeckt sind.

Eingelegter Pak Choi

Cải Bẹ Xanh Muối

Ergibt 300 g

- 300 g Pak Choi, vom Strunk befreit, in 5 cm lange Streifen geschnitten
- 10 g frischer Ingwer, in feine Streifen geschnitten
- 1 TL fein gewürfelter Knoblauch
- 1 EL fein gehackte Thai-Schalotten
- Saft von ½ Limette
- 1 EL Zucker
- 1 TL Fischsauce

In einer großen Schüssel sämtliche Zutaten sorgfältig vermengen. Entweder sofort genießen, wer ein herbes und bitteres Senfaroma und eine knackige Konsistenz bevorzugt, oder über Nacht durchziehen lassen, wer es eher säuerlich-mild mag.

Der eingelegte Pak Choi hält sich im Kühlschrank 4–5 Tage (siehe Foto auf Seite 40–41).

Karotten-Daikon-Pickle

Củ Cải Và Cà Rốt Ngâm Chua

Für 1 Einmachglas à 500 ml

- 250 ml Reisessig
- 250 g Zucker
- 250 g Karotten, in feine Streifen geschnitten
- 250 g Daikon-Rettich, in feine Streifen geschnitten

In einem Topf den Reisessig und den Zucker bei mittlerer Temperatur unter Rühren erhitzen, bis sich der Zucker aufgelöst hat. Vom Herd nehmen und vollständig abkühlen lassen.

In ein Einmachglas die Karotten und den Rettich schichten, mit der abgekühlten Essiglösung auffüllen. Das Glas fest verschließen und vor dem Gebrauch mindestens 1 Tag oder bis zu 5 Tage im Kühlschrank durchziehen lassen.

Soja-Enteneidotter

Trứng Vịt Ngâm Nước Tương

Für 6 Personen

2 EL feiner Zucker
300 ml warmes Wasser
1 Stängel Zitronengras
300 ml Sojasauce
6 Enteneier

In einer Schüssel den Zucker in dem warmen Wasser unter Rühren auflösen. Das Zitronengras zerstoßen, in das Wasser legen und 30 Minuten ziehen lassen, bis es vollständig abgekühlt ist. Die Sojasauce sorgfältig unterrühren.

Die Enteneier einzeln vorsichtig aufschlagen und in die Handfläche gleiten lassen. Dann die Finger nur so weit spreizen, dass das Eiweiß in eine kleine Schale darunter abfließen kann. Das Eigelb mehrmals von einer Hand in die andere wechseln, bis sämtliches Eiweiß entfernt ist (das Eiweiß entsorgen), anschließend den Dotter direkt in die Sojamarinade geben. Dabei sollten keine Schalenreste hineingeraten, diese gegebenenfalls entfernen.

Auf diese Weise sämtliche Eier trennen, das Eigelb jeweils in die Marinade einlegen und im Kühlschrank 3 Stunden durchziehen lassen. Mindestens 1 Stunde vor dem Servieren aus dem Kühlschrank nehmen.

Wenn Sie das Eigelb etwas fester bevorzugen, verlängern Sie die Marinierzeit einfach ein wenig. So nimmt der Dotter eine dickere, leicht gelatineartige Konsistenz und auch einen intensiveren Geschmack an (siehe Foto auf Seite 196–197).

Soja-Shiitakepilze

Nấm Đông Cô Ngâm Nước Tương

Ergibt 250 g

250 g getrocknete Shiitakepilze
3 EL Pflanzenöl
1 EL fein gewürfelter Knoblauch
25 g frischer Ingwer, in feine Streifen geschnitten
1 EL Sojasauce
1 EL Zucker
1 TL zerstoßene schwarze Pfefferkörner

In einer Schüssel die Shiitakepilze 10 Minuten in warmem Wasser einweichen, bis sie sich vollgesogen haben und weich sind. Überschüssiges Wasser sanft ausdrücken.

In einer großen Pfanne das Öl bei mittlerer Temperatur auf 160 °C erhitzen. Zur Kontrolle ein Holzstäbchen hineinhalten. Bilden sich erste Bläschen, ist es heiß genug.

Die Shiitakepilze hineingeben und 1 Minute pfannenrühren, bis sie rundherum eine appetitliche goldbraune Farbe angenommen haben. Knoblauch und Ingwer hinzufügen und 1 weitere Minute pfannenrühren.

Vorsichtig 125 ml Wasser angießen, die Sojasauce, den Zucker und den zerstoßenen Pfeffer untermengen. Alles 10 Minuten sanft köcheln lassen.

Die Mischung 10 Minuten abkühlen lassen, anschließend in eine Frischhaltebox oder ein Glas abfüllen und im Kühlschrank lagern. Die Pilze halten sich einige Monate lang, solange sie mit Flüssigkeit bedeckt sind.

Frittierter Tofu

Đậu Hũ Chiên

Ergibt 400 g

400 g fester Tofu, vorzugsweise Bioprodukt
500 ml Pflanzenöl

Den Tofu aus der Verpackung nehmen, abtropfen lassen und in ein sauberes Küchentuch einschlagen. Auf ein Brett legen, ein Backblech darauf platzieren und mit einem geeigneten Gewicht (etwa einigen Dosen) beschweren. Diese etwas ungewöhnlich anmutende Konstruktion 1 Stunde stehen lassen, das Beschweren soll dem Tofu einen Teil des Wassers entziehen. Anschließend in 4 gleich große Stücke schneiden.

In einem Topf das Öl bei mittlerer Temperatur auf 160 °C erhitzen. Zur Kontrolle ein Holzstäbchen hineinhalten. Bilden sich erste Bläschen, ist es heiß genug.

Die Tofustücke darin 3 Minuten frittieren. Wenden und weitere 3 Minuten frittieren, bis sie rundherum goldbraun sind.

Den frittierten Tofu mit einer Schaumkelle herausfischen, gleich auf Küchenpapier entfetten und abkühlen lassen.

Den Tofu in 5 x 1 cm große Streifen schneiden. Wird er nicht sofort serviert, vollständig erkalten lassen und luftdicht verschlossen aufbewahren. Er hält sich im Kühlschrank bis zu 3 Tage.

Knusprige Röstschalotten

Hành Tím Phi Khô

Einen großen Schwung Schalotten zu frittieren mag etwas Zeit kosten, doch springt dabei der Vorrat für einen ganzen Monat heraus. Oder eben die Menge, für die Sie die Zeit erübrigen können – das Rezept lässt sich problemlos auf Ihren persönlichen Bedarf herunterrechnen, nur für ausreichend Öl zum Frittieren der Schalotten sollte unbedingt gesorgt sein. Die Röstschalotten steuern zu allen Gerichten etwas angenehm Knuspriges bei.

Ergibt reichlich Röstschalotten

2 l Pflanzenöl zum Frittieren
2 kg Thai-Schalotten, geschält und ganz fein gehackt

In einer großen tiefen Pfanne das Öl auf niedrigster Stufe etwa 15 Minuten erhitzen. Zur Kontrolle ein Holzstäbchen hineinhalten. Bilden sich erste Bläschen, ist es heiß genug.

Die Schalotten in Portionen von etwa 200 g in das heiße Öl geben und goldbraun frittieren. Mit einer Schaumkelle herausheben und auf Küchenpapier entfetten. Auf diese Weise sämtliche Schalotten frittieren und über Nacht auf dem Küchenpapier liegen lassen. Lässt man sie an der Luft trocknen, halten sie länger – luftdicht verschlossen bis zu 1 Monat aufbewahren.

Knuspriger Knoblauch

Tỏi Chiên Giòn

In einem Topf das Öl bei niedriger Temperatur auf 140 °C erhitzen. Zur Kontrolle ein Holzstäbchen hineinhalten. Bilden sich erste kleine Bläschen, ist es heiß genug.

Den Knoblauch in dem heißen Öl 1–2 Minuten frittieren, bis er sich goldgelb gefärbt hat. Mit einer Schaumkelle herausnehmen und 1 Stunde auf Küchenpapier entfetten. Luftdicht verschlossen an einem kühlen trockenen Ort lagern.

Ergibt 25 g

250 ml Pflanzenöl
6 Knoblauchzehen, in feine Scheibchen geschnitten

Eingelegte Schalotten

Hành Phi

In einem Topf das Öl bei mittlerer Temperatur auf 160 °C erhitzen. Zur Kontrolle ein Holzstäbchen hineinhalten. Bilden sich erste Bläschen, ist es heiß genug. Die Annatto-Samen in ein Gewürz- oder Teesieb geben und dieses 1 Minute in das heiße Öl halten; dabei nimmt das Öl eine hübsche dunkelrote Farbe und das intensive Aroma des Annattos an. Die Temperatur herunterstellen und das Sieb mit den Samen herausnehmen.

Nun die Schalotten in dem heißen Öl 10–15 Minuten frittieren, bis sie goldbraun sind. Vom Herd nehmen, vollständig abkühlen lassen, in ein Glas füllen und über Nacht offen stehen lassen. Verschließen und bei Raumtemperatur lagern.

Ergibt 500 g

250 ml Pflanzenöl
2 EL Annatto-Samen
500 g rote Thai-Schalotten

Geröstete Erdnüsse

Đậu Phộng Nướng

Den Backofen auf 160 °C vorheizen.

Die Erdnüsse auf zwei mit Backpapier ausgelegten Blechen verteilen. Im Ofen 15 Minuten rösten. Herausnehmen, kurz rütteln oder wenden und weitere 10 Minuten rösten, bis die Nüsse schön goldbraun sind. Herausnehmen und 3 Stunden abkühlen lassen. Luftdicht verschlossen bei Raumtemperatur bis zu 3 Monate lagern.

Ergibt 1 kg

1 kg ungesalzene blanchierte Erdnusskerne

Salz-Pfeffer-Limetten-Dip

Muối Tiêu Chanh

Ein großartiger Würzdip für jede Art von Fisch und Meeresfrüchten. Er sollte immer frisch zubereitet werden.

Sämtliche Zutaten in einer Schüssel sorgfältig verrühren.

Ergibt etwa 40 g

25 g schwarze Pfefferkörner
15 g Salz
Saft von ½ Limette

Karamellsauce

Nước Màu

In einem Topf den Zucker und 125 ml Wasser bei mittelhoher Temperatur erhitzen. Mit einem Holzlöffel gründlich umrühren, bis sich der Zucker vollständig aufgelöst hat. Die Temperatur etwas herunterstellen und etwa 10 Minuten verstreichen lassen, bis die Mischung zu rauchen beginnt und karamellisiert. Nun weitere 125 ml Wasser dazugießen (ganz vorsichtig, der heiße Karamell spritzt) und umrühren, bis alles gleichmäßig vermengt ist. Weitere 5 Minuten garen, bis die Mischung erneut zu rauchen beginnt und eine kräftige rotbraune Farbe angenommen hat. Den Karamell vom Herd nehmen und in ein hitzebeständiges Einmachglas gießen. Abkühlen lassen und den Topf am besten noch heiß ausspülen, dann wird er leichter sauber.

Die Sauce hält sich bei Raumtemperatur unbegrenzt.

Ergibt 500 ml

500 g Zucker

Cremige Kokossauce

Nước Cốt Dừa

»Nước cốt dừa« ist eine klassische Sauce, die für viele traditionelle vietnamesische Süßspeisen zum Einsatz kommt. Sie sorgt für eine würzige und unverkennbar vietnamesische Note.

In einem Topf die Kokoscreme mit dem Salz, dem Zucker und der Maisstärke bei mittlerer Temperatur erhitzen und unter Rühren allmählich zum Kochen bringen. Sobald die Mischung die Konsistenz von dickem Rahm angenommen hat, den Topf vom Herd nehmen. Wird die Sauce sofort serviert, diese nach Belieben mit gerösteten Sesamsamen bestreuen.

Wird sie nicht gleich serviert, die Sauce vollständig abkühlen lassen, in eine Frischhaltebox oder ein Glas abfüllen und fest verschlossen bis zu 5 Tage im Kühlschrank aufbewahren.

Ergibt 400 ml

400 g Kokoscreme
½ TL Salz
1 EL Zucker
2 TL Maisstärke
1 EL Sesamsamen, geröstet (nach Belieben)

Salatdressing mit Fischsauce und Limettensaft

Nước Mắm Trộn Gỏi

Dieses Rezept ist ebenfalls für eine größere Menge bemessen, was vielleicht ein wenig abschrecken mag. Das Dressing kommt aber bei so vielen Gerichten zum Einsatz, dass es sich wirklich lohnt, gleich einen Vorrat davon anzulegen, der sich im Kühlschrank einige Monate hält. Anderenfalls lassen sich die Mengen bei Bedarf auch halbieren oder vierteln.

Ergibt etwa 1 l

500 ml Limettensaft
1,2 kg Kandiszucker, zerstoßen
250 ml Fischsauce
16 Knoblauchzehen, fein gewürfelt
8 rote Chilischoten (oder nach Geschmack), fein gewürfelt

In einem kleinen Topf den Limettensaft, den zerstoßenen Kandiszucker und die Fischsauce vermengen. Alles bei mittlerer Temperatur erhitzen, bis sich der Zucker vollständig aufgelöst hat. Den Herd ausschalten und die Mischung abkühlen lassen.

Wenn das Dressing abgekühlt ist, sorgfältig den Knoblauch und die Chilischoten unterrühren. Im Kühlschrank hält es sich bis zu 3 Monate.

Klassischer Fischsaucendip

Nước Mắm Chấm

Ergibt etwa 1 l

250 ml Limettensaft
600 g Kandiszucker, zerstoßen
250 ml Fischsauce
16 Knoblauchzehen, fein gewürfelt
8 rote Chilischoten (oder nach Geschmack), fein gewürfelt

In einem kleinen Topf den Limettensaft, den Kandiszucker und die Fischsauce mit 500 ml Wasser bei mittlerer Temperatur erhitzen. Sobald sich der Zucker aufgelöst hat, den Herd ausschalten und die Mischung abkühlen lassen.

Wenn der Dip abgekühlt ist, sorgfältig den Knoblauch und die Chilischoten unterrühren. Dieser Dip hält sich im Kühlschrank bis zu 3 Monate.

Tamarinden-Fischsauce

Nước Mắm Me

In einem kleinen Topf die Tamarindenpaste, den Kandiszucker und die Fischsauce mit 60 ml Wasser vermengen. Alles bei mittlerer Temperatur erhitzen, um den Zucker aufzulösen. Sobald das geschehen ist, den Herd ausschalten und die Mischung abkühlen lassen.

Wenn die Sauce abgekühlt ist, sorgfältig den Knoblauch und die Chilischoten unterrühren. Die Sauce hält sich im Kühlschrank bis zu 3 Monate.

Ergibt 300 ml

100 g Tamarindenpaste
150 g Kandiszucker, zerstoßen
45 ml Fischsauce
4 große Knoblauchzehen, fein gewürfelt
2 rote Chilischoten, fein gewürfelt

Ingwer-Fischsauce

Nước Mắm Gừng

In einem kleinen Topf den Limettensaft, den Kandiszucker und die Fischsauce vermengen. Alles bei mittlerer Temperatur erhitzen, um den Zucker aufzulösen. Sobald das geschehen ist, den Herd ausschalten und die Mischung abkühlen lassen.

Wenn die Sauce abgekühlt ist, sorgfältig den Knoblauch und die Chilischoten unterrühren. Die Sauce hält sich im Kühlschrank bis zu 3 Monate.

Ergibt etwa 1,5 l

250 ml Limettensaft
50 g Kandiszucker, zerstoßen
750 ml Fischsauce
16 große Knoblauchzehen, fein gewürfelt
8 rote Chilischoten, fein gewürfelt
320 g frischer Ingwer, fein gewürfelt

Ananas-Fischsauce

Nước Mắm Khóm

In einem kleinen Topf den Zitronensaft, die Fischsauce und den Kandiszucker bei mittlerer Temperatur erhitzen. Umrühren, bis sich der Zucker aufgelöst hat. Dann den Topf vom Herd nehmen und die Sauce vollständig abkühlen lassen.

Den Knoblauch, die Ananaswürfel und die Chilischoten hineingeben, sorgfältig unterrühren. Die Sauce hält sich im Kühlschrank bis zu 3 Monate.

Ergibt etwa 2 l

500 ml Zitronensaft
750 ml Fischsauce
600 g Kandiszucker, zerstoßen
8 Knoblauchzehen, fein gewürfelt
600 g fein gewürfelte Ananas
8 rote Chilischoten (oder nach Geschmack), fein gehackt

Veganer Sojadip

Nước Tương Chay

In einem kleinen Topf den Limettensaft, den Kandiszucker, die Sojasauce und 500 ml Wasser bei mittlerer Temperatur erhitzen. Umrühren, bis sich der Zucker aufgelöst hat. Dann den Topf vom Herd nehmen und den Dip vollständig abkühlen lassen.

Den Knoblauch und die Chilischoten sorgfältig unterrühren. Der Dip hält sich im Kühlschrank bis zu 3 Monate.

Ergibt etwa 1,5 l

- 250 ml Limettensaft
- 600 g Kandiszucker, zerstoßen
- 250 ml Sojasauce
- 16 große Knoblauchzehen, fein gewürfelt
- 8 rote Chilischoten (oder nach Geschmack), fein gewürfelt

Soja-Zitronengras-Sauce

Nước Tương Sả Ớt

In einem kleinen Topf den Zitronensaft, den Kandiszucker und die Sojasauce bei mittlerer Temperatur erhitzen, bis sich der Zucker aufgelöst hat. Dann den Herd ausschalten und die Sauce abkühlen lassen.

Wenn die Sauce abgekühlt ist, sorgfältig den Knoblauch, das Zitronengras und die Chilischoten unterrühren. Die Sauce hält sich im Kühlschrank bis zu 3 Monate.

Ergibt 500 ml

- 250 ml Zitronensaft
- 600 g Kandiszucker, fein zerstoßen
- 500 ml Sojasauce
- 8 große Knoblauchzehen, fein gewürfelt
- 3 Stängel Zitronengras, fein gewürfelt
- 8 rote Chilischoten (oder nach Geschmack), fein gewürfelt

Mayonnaise

Sốt Mayonnaise

In einer großen Schüssel das Eigelb verschlagen, dann ganz langsam 250 ml Öl einarbeiten und so lange weiterschlagen, bis die Mischung andickt. Von Hand mit dem Schneebesen dauert das etwa 5 Minuten, alternativ den Stabmixer verwenden.

Den Essig, das Salz und den Zitronensaft unterschlagen, dann das restliche Öl einarbeiten und beständig weiterschlagen, bis die Masse wieder andickt. Die Mayonnaise ist jetzt servierfertig, sie hält sich fest verschlossen in einem Glas im Kühlschrank bis zu 1 Woche.

Ergibt 500 ml

- 3 Eigelb (Eier Größe L)
- 500 ml Pflanzenöl
- 1 EL Reisessig
- 1 Prise Salz
- Saft von ½ Zitrone

Hoisin-Erdnuss-Sauce

Tương Ớt Tỏ Đậu Phộng

In einem kleinen Topf das Pflanzenöl und den Knoblauch bei mittlerer Temperatur erhitzen, bis der Knoblauch leicht bräunt.

Die restlichen Zutaten dazugeben, außer den Erdnüssen, gut umrühren und 2–3 Minuten ziehen lassen. Sobald sich an der Oberfläche des Öls kleine Bläschen zeigen, noch einmal kurz umrühren und vom Herd nehmen.

Die Sauce vollständig abkühlen lassen, in einen fest schließenden Behälter abfüllen und bis zu 5 Tage aufbewahren. Zum Servieren mit ein paar Erdnüssen bestreuen.

Ergibt 75–80 ml

- 2 EL Pflanzenöl
- 3 große Knoblauchzehen, fein gewürfelt
- 2 Vogelaugenchilischoten, fein gewürfelt
- 2 EL süße Chilisauce oder 1 EL Sriracha-Chili-Sauce
- 4 EL Hoisinsauce
- 2 TL Zucker
- 1 EL gesalzene Erdnusskerne, geröstet und zerstoßen

Tomatensauce

Nước Sốt Cà Chua

In einem Topf das Öl bei mittlerer Temperatur erhitzen und den Knoblauch darin 1–2 Minuten unter Rühren goldgelb anschwitzen.

Die Tomaten und das Kokoswasser dazugeben, alles weitere 5 Minuten unter Rühren garen. Mit Zucker und Salz abschmecken und bei geringer Hitze köcheln lassen, bis die Mischung in etwa die Konsistenz einer klassischen italienischen Tomatensauce angenommen hat.

Dann die Sauce vom Herd nehmen und abkühlen lassen. In einen fest schließenden Behälter abfüllen und bis zu 5 Tage im Kühlschrank aufbewahren.

Ergibt 300 ml

- 1 EL Pflanzenöl
- 2 Knoblauchzehen, gewürfelt
- 250 g reife Romatomaten, von den Kernen befreit und gewürfelt
- 125 ml Kokoswasser
- 1 EL Zucker
- 1 TL Salz

Hühnerbrühe

Canh Gà

Ergibt 2 l

2 ungeschälte Zwiebeln
100 g frischer Ingwer
1 Suppenhuhn (1,5–2 kg)
1 EL Salz
1 EL Fischsauce
200 g Kandiszucker, zerstoßen

Den Backofen auf 180 °C vorheizen.

Die Zwiebeln und den Ingwer auf einem Bratenblech im Ofen 25 Minuten bräunen. Herausnehmen und 10 Minuten abkühlen lassen. Die äußere Schicht der Zwiebeln entfernen, den Ingwer mit einem Sparschäler schälen und beiseitelegen.

In einem großen Suppentopf 4 l Wasser bei hoher Temperatur zum Kochen bringen. Das Huhn darin 3 Minuten blanchieren. Vom Herd nehmen und das Wasser entsorgen. Den Topf ausspülen und das Hähnchen unter fließendem kaltem Wasser abbrausen.

Das Huhn wieder in den Topf geben, die gerösteten Zwiebeln, den Ingwer sowie Salz, Fischsauce und Kandiszucker hineingeben. Dann 4 l Wasser dazugießen. Sämtliche Zutaten sollten etwa 2,5 cm hoch mit Flüssigkeit bedeckt sein. Alles bei hoher Temperatur zum Kochen bringen und regelmäßig abschäumen. Den Deckel schräg auflegen – damit der Dampf entweichen kann – und das Huhn 4 Stunden sanft köcheln lassen. Dabei einmal pro Stunde kontrollieren und gegebenenfalls die Oberfläche abschäumen.

Den Topf vom Herd nehmen, das Huhn herausnehmen und auf ein Brett setzen. Zwiebeln und Ingwer ebenfalls herausfischen, die Brühe nochmals abschäumen, falls nötig, und 2 Stunden ruhen lassen.

Dann die Brühe durch ein feines Sieb in einen großen Behälter passieren. Dabei sollte der trübe Bodensatz im Topf verbleiben; er besteht überwiegend aus den Rückständen der Aromazutaten.

Die Brühe vollständig abkühlen lassen und bis zu 3 Tage im Kühlschrank aufbewahren oder bis zu 3 Monate einfrieren.

Abschließend das Fleisch vom Suppenhuhn ablösen. Es gibt keinen Grund, es zu entsorgen! Nach 4 Stunden in der Brühe ist es so zart, dass es sich für eine ganze Reihe von Rezepten anbietet, etwa für Hähnchen-Reis-Porridge (siehe Seite 63) oder Hähnchen-Mango-Salat (siehe Seite 174).

Rinderbrühe

Canh Bò

Ergibt 2 l

- 2 ungeschälte Zwiebeln
- 200 g frischer Ingwer
- 1 kg Markknochen
- 1 kg Rinderhesse (Beinfleisch)
- 1 kg Ochsenschwanz
- 1 großer Daikon-Rettich, geschält und grob gewürfelt
- 1 EL Salz
- 1 EL Fischsauce
- 200 g Kandiszucker, zerstoßen
- 10 Sternanis
- 1 kleine Zimtstange
- 5 g Gewürznelken
- 10 g Koriandersamen
- 10 Kardamomkapseln

Den Backofen auf 180 °C Umluft vorheizen.

Die Zwiebeln und den Ingwer auf einem Bratenblech 25 Minuten im Ofen bräunen. Herausnehmen und 10 Minuten abkühlen lassen. Die äußere Schicht der Zwiebeln entfernen, den Ingwer mit einem Sparschäler schälen und beiseitelegen.

In einem großen Suppentopf 4 l Wasser bei hoher Temperatur zum Kochen bringen. Markknochen, Rinderhesse und Ochsenschwanz darin 3 Minuten blanchieren. Das Wasser entsorgen und den Topf ausspülen. Markknochen, Rinderhesse und Ochsenschwanz unter fließendem kaltem Wasser abbrausen.

Fleisch und Knochen wieder in den Topf legen, die gerösteten Zwiebeln und den Ingwer sowie Daikon-Rettich, Salz, Fischsauce und den zerstoßenen Kandis hinzufügen. Dann 4 l Wasser dazugießen. Sämtliche Zutaten sollten 2,5 cm hoch mit Flüssigkeit bedeckt sein. Alles bei hoher Temperatur zum Kochen bringen und regelmäßig abschäumen. Den Deckel schräg auflegen – sodass Dampf entweichen kann – und alles 3 Stunden sanft köcheln lassen. Dabei einmal pro Stunde kontrollieren und gegebenenfalls die Oberfläche abschäumen.

Die Gewürze in ein Stück Mulltuch einschlagen und mit Küchengarn verschnüren. In die Brühe einlegen und alles weitere 2 Stunden garen. Den Herd ausstellen, Fleisch, Knochen sowie die gröberen Zutaten und das Gewürzsäckchen herausnehmen, die Brühe noch einmal abschäumen, falls nötig, und 2 Stunden ruhen lassen.

Die Brühe durch ein feines Sieb in einen großen Behälter passieren. Dabei sollte der trübe Bodensatz im Topf verbleiben; er besteht überwiegend aus den Rückständen der Aromazutaten.

Die Brühe vollständig abkühlen lassen und bis zu 3 Tage im Kühlschrank aufbewahren oder bis zu 3 Monate einfrieren.

Schweinefleischbrühe

Canh Heo

Ergibt 2 l

1 kg Schweineknochen
1 kg Schweinsfüße
1 kg Schweinerippe
2 Zwiebeln, geschält
1 großer Daikon-Rettich, geschält und grob gewürfelt
2 EL Salz
200 g Kandiszucker, zerstoßen

In einem großen Suppentopf 4 l Wasser bei hoher Temperatur zum Kochen bringen. Knochen, Schweinsfüße und die Schweinerippe darin 3 Minuten blanchieren. Alles sollte mindestens 2,5 cm hoch mit Wasser bedeckt sein. Das Wasser entsorgen und den Topf ausspülen. Knochen und Fleisch unter fließendem kaltem Wasser abbrausen.

Knochen und Fleisch wieder in den Topf legen, die restlichen Zutaten hinzufügen und 4 l Wasser dazugießen. Erneut darauf achten, dass alles mindestens 2,5 cm hoch bedeckt ist. Alles bei hoher Temperatur zum Kochen bringen und regelmäßig abschäumen. Den Deckel schräg auflegen – sodass Dampf entweichen kann – und alles 2 Stunden sanft köcheln lassen. Dabei einmal pro Stunde kontrollieren und gegebenenfalls die Oberfläche abschäumen.

Den Topf vom Herd nehmen, die festen Bestandteile herausnehmen und entsorgen. Die Brühe 2 Stunden ruhen lassen.

Die Brühe durch ein feines Sieb in einen großen Behälter passieren. Dabei sollte der trübe Bodensatz im Topf verbleiben; er besteht überwiegend aus den Rückständen der Aromazutaten.

Die Brühe vollständig abkühlen lassen und bis zu 3 Tage im Kühlschrank aufbewahren oder bis zu 3 Monate einfrieren.

Fischbrühe

Canh Cá

Ergibt 2 l

3 kg Fischgräten von weißfleischigem Fisch
2 Zwiebeln, geschält
1 EL Salz
1 EL Fischsauce
150 g Kandiszucker, zerstoßen

Die Fischgräten unter fließendem kaltem Wasser gründlich waschen.

In einen großen Suppentopf die Fischgräten mit den Zwiebeln, dem Salz, der Fischsauce und dem zerstoßenen Kandis geben und 4 l Wasser dazugießen. Alles bei hoher Temperatur zum Kochen bringen und regelmäßig abschäumen. Den Deckel schräg auflegen – sodass Dampf entweichen kann – und alles 2 Stunden sanft köcheln lassen. Dabei nach 1 Stunde kontrollieren und gegebenenfalls die Oberfläche abschäumen.

Den Topf vom Herd nehmen, die gröberen Zutaten herausnehmen und gegebenenfalls noch einmal abschäumen. Die Brühe 2 Stunden ruhen lassen.

Dann die Fischbrühe durch ein feines Sieb in einen großen Behälter passieren. Dabei sollte der trübe Bodensatz im Topf verbleiben; er besteht überwiegend aus den Rückständen der Aromazutaten.

Die Brühe vollständig abkühlen lassen und bis zu 3 Tage im Kühlschrank aufbewahren oder bis zu 3 Monate einfrieren.

Gemüsebrühe

Canh Chay

Ergibt 2 l

2 Zwiebeln, geschält
1 große Steckrübe, geschält und grob gewürfelt
1 großer Daikon-Rettich, geschält und grob gewürfelt
2 Knollensellerie, geschält und grob gewürfelt
6 große Karotten, geschält
2 EL Salz
150 g Kandiszucker, zerstoßen

In einem großen Suppentopf sämtliche Zutaten mit 4 l Wasser bedecken und bei hoher Temperatur zum Kochen bringen. Etwaige Verunreinigungen an der Oberfläche abschäumen. Den Deckel schräg auflegen – sodass Dampf entweichen kann – und alles 2 Stunden sanft köcheln lassen. Dabei nach 1 Stunde kontrollieren und gegebenenfalls die Oberfläche abschäumen.

Die gröberen Zutaten herausnehmen, die Brühe eventuell noch einmal abschäumen und 2 Stunden ruhen lassen.

Die Gemüsebrühe durch ein feines Sieb in einen großen Behälter passieren. Dabei sollte der trübe Bodensatz im Topf verbleiben; er besteht überwiegend aus den Rückständen der Aromazutaten.

Die Brühe vollständig abkühlen lassen und bis zu 3 Tage im Kühlschrank aufbewahren oder bis zu 3 Monate einfrieren.

Vietnam
in meiner
Küche

Vietnam in meiner Küche

Am meisten vermisse ich die vietnamesische Hausmannskost meiner Kindheit. Und dazu einfach zu sehen und zu hören, wie die Menschen ihr Essen genießen, ohne dass sie darüber auch nur ein Wort verlieren müssten. Unsere Familienessen sind im Allgemeinen eine fröhliche Angelegenheit, es geht entspannt und gesellig zu, für westliche Kulturen vielleicht sogar ein bisschen ungehobelt. Immer ist lautes Schlürfen und Schmatzen zu hören, der Mund ist weit geöffnet, um eine möglichst große Portion darin zu verstauen, und natürlich wird laut geredet und gelacht. Bei manchen Gerichten muss man regelrecht »handgreiflich« werden, um etwa Kräuter zu rollen oder einen Pfannkuchen zu zerrupfen. Ständiges Recken und Vorbeugen, um nach diesem oder jenem zu greifen, nie begleitet von einem »Entschuldigung«, denn natürlich geht es gar nicht anders. Als ich nach London kam, habe ich lange gebraucht, kulturelle Unterschiede und andere Tischsitten zu verstehen. Noch heute beeindruckt es mich, dass man über Dinge, die in einer Kultur völlig normal sind, in einer anderen die Nase rümpft.

Ich liebe vietnamesisches Essen, es liegt mir im Blut. Eigenartig, dass ich mich von jenem Tag an in London zu Hause fühlte, an dem ich meinen ersten Big Mac aß! Jahrelang hatte ich mich geweigert, bei McDonald's zu essen, und nicht verstanden, warum andere Kinder so wild darauf waren. Für mich sah das Zeug immer eklig aus (Sorry, Ronald). Doch an dem Tag, an dem ich schwach wurde und mich mit meinen Schulfreunden beim »Goldenen M« wiederfand, wurde mir klar, dass ich allmählich zur Londonerin wurde.

Die Gerichte in diesem Kapitel sind einfach zum Fingerschlecken. In Vietnam wird Fleisch in der Regel am Knochen gegart, damit Aroma und Struktur erhalten bleiben. Ich halte mich für eine Expertin im »Entbeinen« von Rippchen mittels Zunge und Zähnen, Handanlegen überflüssig. Das haut niemanden vom Hocker, ich will nur sagen, dass ich eine ganze Menge davon verputzen kann, und zwar ziemlich schnell!

Der Duft dieser Gerichte erinnert mich an meine Schulzeit in England, wenn ich nachmittags um drei wie der geölte Blitz nach Haus rannte, weil dann mit aller Macht der Hunger zuschlug. Meine Mutter brachte immer etwas Schnelles auf den Tisch, etwa Klebreis und eine Gemüsepfanne dazu und eine gesunde klare Fleischbrühe, um alles hinunterzuspülen. Kaum dass mein Vater durch die Tür kam, war das Essen fertig – wenngleich er sich gern erst ein wenig von der langen Fahrt ausruhte, was meinem knurrenden Magen gar nicht gefiel! Vielleicht war ich wegen meiner Ungeduld so erpicht darauf, meiner Mutter so viele Rezepte wie möglich abzugucken. So konnte ich alles machen, worauf auch immer ich gerade Appetit hatte. Erstaunlich, wie weit man es als ewig hungriger Nimmersatt bringen kann!

Nicht jedes Gericht, das meine Mutter mir beigebracht hat, gelingt mir. Nennen wir es die »Prise Mutterliebe« … da ist immer noch dieser eine letzte Löffel von irgendwas, das sie »vergessen« hat, mir zu verraten. Meine Mutter weiß ganz genau, sie braucht am Telefon nur zu erwähnen, dass es »thịt khô trứng« gibt, und schon stehen ihre Kinder vor der Tür! Mütter haben eine magische Macht über ihre Kinder.

Eine vietnamesische Mutter drückt ihre Zuneigung normalerweise nicht mit Worten aus, es geschieht über das Essen auf dem Tisch und geht durch den Magen – und meiner findet das ganz prima!

In Kokoswasser geschmortes Schweinefleisch mit Ei

Thịt Khô Trứng

Für mich ist dies das ultimative Wohlfühlessen. Es ist mit schönen Erinnerungen an große Familienessen verbunden, gewöhnlich zu einem besonderen Anlass wie Tết (Neujahr) oder einer Hochzeit, denn Schweinefleisch galt als Luxus und Symbol für Wohlstand und Reichtum.

Ein herrliches und simples Gericht, das zudem eine elementare Technik der vietnamesischen Küche demonstriert – langsames Schmoren in Kokoswasser. Zu dem süßsalzigen und scharfen Aroma bieten sich säuerlich-bittere Pickles als Begleiter an, dazu duftig-lockerer Jasminreis für die perfekte Balance.

Durch das sanfte Schmoren in dem süßlichen Kokoswasser wird das Fleisch zart und saftig, es zergeht förmlich im Munde. Bei uns kam dieses Gericht so selten auf den Tisch, dass ich noch heute jeden Bissen davon genieße, als sei er der letzte.

Für 5–6 Personen

500 g Schweinebauch, in 5 cm große Würfel geschnitten
500 g durchwachsenes Schweinefleisch (aus der Keule), in 5 cm große Würfel geschnitten
3 EL Pflanzenöl
2 TL Karamellsauce (siehe Seite 27)
1 l Kokoswasser
3 EL Fischsauce
8 hart gekochte Eier, gepellt
3 rote Chilischoten
eingelegter Pak Choi (siehe Seite 23)

Für die Marinade

2 Vogelaugenchilischoten, zerstoßen
8 rote Thai-Schalotten, zerstoßen
8 Knoblauchzehen, zerstoßen
Saft von 1 Limette
1 EL Zucker
1 TL Salz

Zum Servieren

½ rote Chilischote, klein gehackt, in etwas Fischsauce verrührt

In einer Schüssel das Fleisch mit sämtlichen Zutaten für die Marinade gründlich vermengen und über Nacht im Kühlschrank marinieren.

In einem großen Topf das Öl bei hoher Temperatur auf 190 °C erhitzen. Zur Kontrolle ein Holzstäbchen hineinhalten. Bilden sich sofort stark sprudelnde Bläschen, ist es heiß genug.

Das Schweinefleisch samt Marinade sowie die Karamellsauce in dem heißen Öl etwa 4 Minuten unter ständigem Rühren anbraten, bis die Fleischstücke rundherum gleichmäßig mit dem Karamell überzogen sind. Dabei beständig rühren, da das Fleisch binnen Sekunden verbrennen kann, wenn es erst einmal goldbraun ist.

Nun das Kokoswasser und 300 ml Wasser dazugießen, alles zum Kochen bringen. Verunreinigungen und Zutaten der Marinade, die sich an der Oberfläche absetzen, abschäumen, die Sauce sollte klar, nicht trübe sein. Die Temperatur herunterregeln und das Ganze 2 Stunden sanft köcheln lassen.

Dann die Fischsauce, die hart gekochten ganzen Eier und die Chilischoten hineingeben, alles 1 weitere Stunde sanft schmoren.

Den Topf vom Herd nehmen und das Schweinefleisch mit eingelegtem Pak Choi und reichlich Reis servieren. Eine Schale Fischsauce mit einigen klein geschnittenen roten Chilischoten darin macht sich ebenfalls sehr gut dazu.

Karamellisierter Kokosfisch

Cá Ba Sa Kho Tộ

Ein unscheinbares Gericht, das jedoch ein Feuerwerk an Aromen und Wärme auf den Tisch bringt. Wenn es dabei richtig ländlich zugehen soll, sollten Sie reichlich Extrafischsauce hineingeben. Zwar wird es dadurch erheblich salziger als beim klassischen Rezept, doch ist der Brauch in den ländlichen Gegenden Vietnams weit verbreitet. Es gibt sogar einen Namen dafür – »khô quẹt«. Das resultiert in einer dicken Karamellschicht, die man anschließend förmlich aus dem Tontopf kratzen muss.

Traditionell wird dieses Gericht in einem Steinguttopf zubereitet, ein herkömmlicher Topf tut es aber auch. Ein Tontopf speichert die Hitze besser, was den Prozess des Karamellisierens beschleunigt, außerdem bleibt das Essen so länger warm … was für mich Schnellesserin nie ein Problem darstellte!

Eine süßsaure Garnelensuppe (siehe Seite 62) wäre die perfekte Ergänzung dazu, und für ein authentisches vietnamesisches Mahl kocht man am besten beides.

Für 4 Personen

500 g Pangasius- oder Kabeljaufilets (alternativ Steaks)
2 EL Pflanzenöl
100 g grüne Pfefferkörner
1 Vogelaugenchilischote
200 ml Kokoswasser

Für die Marinade
1 TL fein gewürfelter Knoblauch
3 TL fein gewürfelte rote Thai-Schalotten
2 EL brauner Rohrohrzucker
3 EL Fischsauce
3 TL Sesamöl
1 TL Karamellsauce (siehe Seite 27)

Zum Servieren
1 Vogelaugenchili, schräg in Ringe geschnitten
6 Frühlingszwiebeln, in dünne Streifen geschnitten und 20 Minuten in kaltes Wasser gelegt
½ TL zerstoßene schwarze Pfefferkörner
1 große Handvoll frische Kräuter wie Thai-Basilikum oder Minze

In einer Schüssel den Fisch in sämtlichen Zutaten für die Marinade wenden und im Kühlschrank mindestens 3 Stunden, am besten aber über Nacht marinieren. Den Fisch 30 Minuten vor der Zubereitung aus dem Kühlschrank nehmen, damit er Zimmertemperatur annehmen kann.

In einem Topf das Öl bei mittlerer Temperatur auf 160 °C erhitzen. Zur Kontrolle ein Holzstäbchen hineinhalten. Bilden sich erste Bläschen, ist es heiß genug. Die grünen Pfefferkörner und die ganze Chilischote darin 1 Minute anrösten.

Den Fisch aus der Marinade nehmen und in den Topf legen, die Marinade beiseitestellen. Den Fisch 2 Minuten anbraten, wenden und von der anderen Seite 2 Minuten bräunen. Das Kokoswasser und die Marinade hinzufügen, alles bei hoher Temperatur 3–4 Minuten aufkochen. Dabei reduziert die Flüssigkeit, der Fisch karamellisiert und färbt sich goldbraun. Den Herd ausschalten.

Den Fisch auf einer Platte anrichten und mit der frischen Chilischote, den Frühlingszwiebeln und etwas zerstoßenem schwarzem Pfeffer garnieren.

Dazu passt am besten 1 Handvoll frische Kräuter und gedämpfter Jasminreis, um die salzige Note des karamellisierten Fischs aufzufangen. Ein einfacher Dip oder Fischsauce mit klein geschnittenen roten Chilischoten machen sich ebenfalls gut.

Ingwerhähnchen

Gà Kho Gừng

»Pikant mit ein bisschen Feuer« beschreibt dieses Gericht wohl am besten! Es duftet schon fast aufdringlich appetitlich, wenn der Ingwer in der Pfanne schmurgelt. Als Kind bekam ich oft gesagt, »iss Ingwer, er hält den Körper warm und vertreibt die Grippe«, ob wahr oder nicht (offensichtlich nicht), ich verputzte jedes Fitzelchen Ingwer auf dem Teller, in der Hoffnung, es würde mich unbezwingbar machen. Zumindest machte es mich süchtig nach seiner milden, wärmenden Schärfe.

Für 4–5 Personen als Teil einer Auswahl

350 g Hähnchenunterschenkel
350 g Hähnchenoberschenkel
1 EL Salz
2 EL Pflanzenöl
1 TL Karamellsauce (siehe Seite 27)
300 ml Kokoswasser
300 g frischer Ingwer, in feine Streifen geschnitten
2 Vogelaugenchilischoten, schräg in Ringe geschnitten
1 TL zerstoßene schwarze Pfefferkörner
1 EL knusprige Röstschalotten (siehe Seite 25)

Für die Marinade

200 g rote Thai-Schalotten, fein gewürfelt
1 EL Sojasauce
2 EL fein gewürfelter Knoblauch
2 EL Zucker
1 TL Salz
1 EL Fischsauce
2 TL zerstoßene schwarze Pfefferkörner
3 EL Sesamöl

Hähnchenunter- und -oberschenkel mit einem Küchenbeil oder einem Hackmesser in 5 cm große Stücke hacken (oder Sie bitten Ihren Schlachter um Hilfe). Die Schnitte möglichst sauber ausführen, damit keine Knochensplitter in das Gericht geraten. Die Hähnchenstücke in reichlich kaltes Wasser einlegen, das Salz hinzufügen und 2 Stunden einweichen. Das Fleisch anschließend behutsam abreiben, abgießen und mit Küchenpapier abtrocknen.

In einer großen Schüssel die Hähnchenstücke und sämtliche Zutaten für die Marinade sorgfältig vermengen, in das Fleisch einreiben. Mit Frischhaltefolie zudecken und im Kühlschrank mindestens 3 Stunden, am besten aber über Nacht marinieren.

In einer großen Pfanne das Öl bei mittlerer Temperatur auf 160 °C erhitzen. Zur Kontrolle ein Holzstäbchen hineinhalten. Bilden sich erste Bläschen, ist es heiß genug. Die Hähnchenstücke samt Marinade darin 5 Minuten behutsam pfannenrühren, bis sie braun zu werden beginnen.

Die Karamellsauce dazugeben und alles 1 weitere Minute unter Rühren garen. Achtung! In dieser Phase kann der Zucker leicht verbrennen.

Das Kokoswasser dazugießen, die Temperatur herunterregeln und alles 10 Minuten köcheln lassen; gelegentlich umrühren. Dann Ingwer, Chilischoten, Pfeffer und die Schalotten untermischen. Weitere 5 Minuten unter gelegentlichem Rühren garen. Dabei kocht die Flüssigkeit sämig ein und das Hähnchen nimmt eine appetitliche goldbraune Farbe an.

Ich esse dazu am liebsten gedämpften Jasminreis.

Tintenfisch mit Hackfleischfüllung

Mực Nướng Nhồi Thịt

Diese kleinen gefüllten Tintenfische schmecken fabelhaft als Vorspeise, lassen sich mit Jasminreis und Fischsauce zum Dippen aber auch als Hauptgang genießen. So oder so sind sie köstlich und beeindrucken sicher auch Ihre Gäste!

Für 4–6 Personen

6 ganze kleine Kalmare (à 50–60 g)
2 EL Pflanzenöl
2 EL Chili-Zitronengras-Marinade (siehe Seite 21)

Für die Hackfleischfüllung
25 g getrocknete Glasnudeln
10 g getrocknete Mu-Err-Pilze
125 g Schweinehackfleisch
50 g Karotten, in ganz feine Scheiben oder Streifen geschnitten
15 g Weißkohl, in feine Streifen geschnitten
25 g Wasserkastanien aus der Dose, abgetropft und gewürfelt
1 große Frühlingszwiebel, fein gehackt
½ EL Zucker
¼ TL Salz
½ TL Fischsauce
½ EL Sesamöl
½ EL zerstoßene schwarze Pfefferkörner
1 Eiweiß, verschlagen

Zum Vorbereiten der ganzen Kalmare die Fangarme samt Innereien aus dem Körperbeutel herausziehen. Mit den Fingern den durchsichtigen Schulp im Körperbeutel ertasten, herausziehen und entsorgen – er sieht aus wie eine Plastikfeder.

Die Fangarme knapp unterhalb der Augen so abschneiden, dass sie noch miteinander verbunden bleiben. Dort sitzt das harte Kauwerkzeug, dieses herausdrücken und ebenso wie den Kopf entsorgen. Die dünne violette Membran vom Körperbeutel abziehen, sodass das reinweiße Fleisch zurückbleibt.

Die Flossen seitlich am Körperbeutel abschneiden (sie sind nicht nur essbar, sondern schmecken vorzüglich, also am besten den harten Rand abschneiden und das Fleisch für ein anderes Pfannengericht verwenden).

Nun die Tube von innen und außen gründlich waschen. Auch die Fangarme waschen. Auf diese Weise sämtliche Tintenfische vorbereiten, dann kann es losgehen.

Eine große Schüssel mit 1 l kochend heißem Wasser füllen. Die Glasnudeln darin 20 Minuten einweichen, abgießen, trocken tupfen und in etwa 5 cm lange Stücke schneiden. Die Mu-Err-Pilze ebenso in 1 l heißem Wasser einweichen.

In einer großen Schüssel die Nudeln und die Pilze sorgfältig mit allen weiteren Zutaten für die Füllung vermengen. Die Tintenfischtuben möglichst kompakt mit der Masse füllen.

Den Backofen auf 180 °C vorheizen.

In einer Pfanne oder einem Wok das Pflanzenöl bei hoher Temperatur erhitzen. Zur Kontrolle ein Holzstäbchen hineinhalten. Bilden sich erste Bläschen, ist es heiß genug. Die gefüllten Tintenfischtuben und die Fangarme hineingeben und 2–3 Minuten pfannenrühren, bis sie rundherum gleichmäßig Farbe angenommen haben. Die Fangarme beiseitestellen.

Die Tintenfischtuben auf einem Backblech im Ofen 10 Minuten durchgaren. Herausnehmen und vor dem Servieren noch 5 Minuten ruhen lassen.

Die gefüllten Tuben und die Fangarme auf Tellern anrichten; für den letzten Kick mit der Chili-Zitronengras-Marinade beträufeln.

Gegrillte Aubergine mit Sojaglasur

Cà Tím Nướng Nước Tương Mỡ Hành

Zart schmelzend, süß und würzig: Dieses delikate Gemüsegericht ist denkbar einfach und der perfekte Begleiter zu so ziemlich allem! Wenn ich es zubereite, frage ich mich, warum ich es eigentlich nicht häufiger mache. Es steht definitiv ganz oben auf meiner »Liste der vergessenen Hochgenüsse«! Die einfachsten Rezepte bringen den Eigengeschmack der Zutaten am besten zur Geltung. Viele essen Auberginen ohne Schale, für mich ist sie das Beste daran. Darum empfehle ich dringend, sie dranzulassen, denn sie ist wunderbar knusprig und voller gesunder Antioxidantien.

Für 2 Personen

2 Auberginen
2 TL Pflanzenöl

Für die Sojaglasur

3 EL Sesamöl
1 EL Annatto-Öl (siehe Seite 22)
2 TL fein gewürfelter Knoblauch
2 TL fein gewürfelte rote Chilischote
4 EL Kokoswasser
4 EL Sojasauce
2 EL Zucker
1 EL Honig
6 EL fein gehackte Frühlingszwiebeln

Zum Servieren

2 TL knusprige Röstschalotten (siehe Seite 25)
1 TL zerstoßene schwarze Pfefferkörner

Den Backofen auf 200 °C vorheizen.

Die Auberginen mit dem Öl einreiben und auf ein Bratenblech legen. Das Gemüse rundherum gleichmäßig mit einer Gabel einstechen (so reduziert sich die Garzeit) und im Ofen 25–30 Minuten rösten, bis die Auberginen weich und leicht schrumpelig sind.

Inzwischen für die Glasur in einem kleinen Topf das Sesamöl und das Annatto-Öl erhitzen, Knoblauch und Chilischoten darin 15 Sekunden anrösten. Das Kokoswasser, die Sojasauce, den Zucker und den Honig dazugeben. Alles zum Kochen bringen. Abschließend die Frühlingszwiebeln unterrühren und den Herd sofort ausschalten. Die Frühlingszwiebeln sollen nur ganz leicht gegart werden, so bleiben sie leuchtend grün.

Die fertig gegarten Auberginen aus dem Ofen nehmen und 2 Minuten abkühlen lassen. Wer möchte, kann sie jetzt schälen, ich persönlich mag sie lieber mit Schale.

Zum Servieren die Auberginen der Länge nach vom Stielansatz bis zur Basis einschneiden und die Hälften leicht öffnen. Mit der Sojaglasur überziehen, mit den Röstschalotten und dem zerstoßenen schwarzen Pfeffer bestreuen.

Dies ist eine ideale Gemüsebeilage zu Reis und weiteren Gerichten als Teil eines traditionellen vietnamesischen Familienessens.

Gebackener Wolfsbarsch mit Zitronengras, Chili und Ingwer

Cá Chẽm Nướng Sả Ớt Và Gừng

Dieses Gericht ist ein echter Knüller, ideal, wenn man Freunde zum Essen erwartet oder für ein Familientreffen am Wochenende. Die Kombination von knuspriger Haut und dem von Zitronengras und Ingwer aromatisierten saftigen, zarten, perfekt gegarten Fisch ist kaum zu toppen!

Für 1 Person oder für 4 Personen als Teil einer Auswahl

- 1 Wolfsbarsch (etwa 400 g), ausgenommen und geschuppt
- 2 Stängel Zitronengras, halbiert
- 3 Knoblauchzehen, zerstoßen
- 1 rote Chilischote, zerstoßen und halbiert
- 1 Stück frischer Ingwer (15 cm), geschält und in Scheiben geschnitten
- 3 Limettenscheiben
- 2 EL Sesamöl
- 1 TL Fischsauce

Den Backofen auf 180 °C vorheizen.

Den Wolfsbarsch auf ein Brett legen und mit einem scharfen Messer von jeder Seite vier- oder fünfmal quer einschneiden. Anschließend die Bauchhöhle mit dem Messer so weit wie möglich öffnen, ohne das Fleisch einzuschneiden.

Zitronengras, Knoblauch, Chili, Ingwer und die Limettenscheiben in die Bauchhöhle stecken. Den Fisch mit Küchengarn zubinden, sodass die Füllung nicht herausfallen kann. Alternativ die Bauchhöhle mit Zahnstochern verschließen.

Den Fisch auf einem Bratenblech rundherum mit dem Sesamöl einreiben. Die Haut mit der Fischsauce beträufeln, so bekommt sie zusätzlich Geschmack und wird extraknusprig. Den Fisch im Ofen 20 Minuten backen, bis das Fleisch nicht mehr glasig ist und sich mühelos zerteilen lässt.

Als vollwertige Mahlzeit kann man den Fisch nun entweder in Form von Sommerrollen servieren – Fischstücke mit Kräutern in Reispapier wickeln und Fischsauce zum Dippen dazu reichen – oder mit Jasminreis und einem veganen Sojadip (siehe Seite 30).

Gebratene Hähnchenschenkel mit Honig und Kokos

Thịt Gà Khìa Nước Dừa Mật Ong

Im Mekongdelta sind Kokospalmen allgegenwärtig. Kokosnüsse sind im Grunde ein frei verfügbares Lebensmittel, sie sind billiger als Wasser! Das erklärt ein Stück weit, warum sie bei so vielen Gerichten aus der Region eine zentrale Rolle spielen. Bei diesem Rezept wird der Saft der jungen Kokosnuss verwendet, um das Hähnchen zart zu machen, dazu sorgt er beim Karamellisieren für eine süßliche Note. Meine Mutter packte uns die Reste oft in unsere Lunchbox ein, was mir viele neidische Blicke der anderen Kinder mit ihren Käsestullen eintrug. Tauschen? Nö.

Für 4 Personen

12 Hähnchenoberschenkel mit Knochen
4 EL Pflanzenöl
2 große Zwiebeln, in 2 cm dicke Stücke geschnitten
750 ml Kokoswasser, Reste von Mark gegebenenfalls herausfiltern
3 EL Honig
Fischsauce zum Servieren

Für die Marinade

2 EL Zucker
2 TL Salz
1 EL Fischsauce
10 Frühlingszwiebeln, nur das Weiße, fein gehackt
2–3 rote Chilischoten, fein gehackt
10 Knoblauchzehen, fein gehackt
3 EL Sesamöl

In einer Schüssel die Hähnchenschenkel mit sämtlichen Zutaten für die Marinade vermengen. Das Fleisch sorgfältig mit der Marinade einreiben und 1 Stunde in den Kühlschrank stellen.

In einer großen Pfanne das Pflanzenöl bei mittlerer Temperatur erhitzen. Den ersten Hähnchenschenkel mit der Haut nach unten einlegen und 2–3 Minuten (je nach Größe der Schenkel) anbraten, bis die Haut gebräunt ist, das Fleisch aber nicht durchgaren. Herausnehmen und abkühlen lassen. Die restlichen Hähnchenschenkel nacheinander ebenso anbraten.

Verbrannte Rückstände der Marinade aus der Pfanne entfernen und die 12 Hähnchenschenkel mit der Haut nach oben wieder einlegen. Die Zwiebeln, das Kokoswasser und eventuell verbliebene Reste der Marinade hinzufügen. Alles zugedeckt 25 Minuten sanft schmoren. Danach sollte das Fleisch zart und durchgegart sein.

Anschließend den Deckel abnehmen und die Temperatur hochregeln. Das Hähnchen mit dem Honig beträufeln und ab jetzt die Pfanne nicht mehr aus den Augen lassen. Sie werden sehen, wie schnell die Angelegenheit karamellisiert, darum die Schenkel beständig drehen und wenden, bis sie rundherum gleichmäßig goldbraun sind. So 2–3 Minuten fortfahren, bis die Sauce sirupartig eindickt und das Hähnchen perfekt gebräunt ist.

Nicht nötig, aber 2 Minuten unter dem Grill sorgen für eine besonders knusprige Haut – ein absoluter Gewinn.

Die karamellisierten Hähnchenschenkel mit Fischsauce als Vorspeise oder mit Jasminreis als Hauptgang servieren. So oder so schmecken sie köstlich.

Vietnamesische Brokkoli-Knoblauch-Pfanne

Rau Cải Làn Xào Tỏi Và Sả Tế

Dieser einfache Genuss ist ideal als Beilage oder als größere Portion zum gemeinsamen Teilen. Achten Sie auf das richtige Timing, damit all das Gute in dem Gemüse erhalten bleibt. Der Brokkoli sollte von leuchtender Farbe sein, auf dem Teller glänzen und zwischen den Zähnen schön knackig sein.

Für 2–3 Personen

300 g Kai-lan (chinesischer Brokkoli), gewaschen
3 EL Sesamöl
6 Knoblauchzehen, zerstoßen
2 TL Sojasauce
1 TL Zucker
1 EL Chili-Zitronengras-Marinade (siehe Seite 21)
Kokosflocken

In einem Topf 1 l Wasser zum Kochen bringen und den Brokkoli darin 20 Sekunden blanchieren. Anschließend sofort 30 Sekunden in eiskaltem Wasser abschrecken, dann abgießen.

In einer kleinen Pfanne das Sesamöl bei mittlerer Temperatur erhitzen. Zur Kontrolle ein Holzstäbchen hineinhalten. Bilden sich Bläschen, ist das Öl heiß genug. Den zerstoßenen Knoblauch hineingeben und etwa 10 Sekunden beständig umrühren, bis er sich hellbraun zu färben beginnt.

Den Brokkoli, die Sojasauce und den Zucker hinzufügen, alles 1 Minute rühren oder schwenken, bis das Gemüse gleichmäßig mit der Sauce überzogen ist.

Den Brokkoli sofort aus der Pfanne nehmen, damit er bissfest bleibt, und anrichten.

Abschließend das Gemüse mit der Chili-Zitronengras-Marinade beträufeln, mit Kokosflocken bestreuen und dann genießen!

Süßsaure Garnelensuppe

Canh Chua Tôm

Diese traditionelle vietnamesische Suppe ist vielleicht etwas schärfer, als es der westliche Gaumen gewohnt ist. Hier ist eine halbe Ananas am Start, wer es ganz authentisch möchte, nimmt eine ganze. Sie dient vornehmlich dem Aroma – wir essen nicht unbedingt alles davon. Wenn man diese Suppe in Vietnam serviert bekommt, findet man auch Elefantenohrstängel (Blattstängel der Taro-Pflanze) darin, hierzulande sind sie schwer zu finden, darum darf man sie auch weglassen.

Ich verwende extragroße Riesengarnelen (wortwörtlich), wer keine bekommt, nimmt einfach ein Kilogramm Garnelen nach Wahl.

Für 4 Personen

Für den Dip

20 ml Fischsauce
3 Vogelaugenchilischoten, schräg in dünne Ringe geschnitten

300 g Tamarindenmark
1,2 l Fischbrühe (siehe Seite 35)
½–1 reife Ananas, geschält, in 1 x 4 cm große Stücke geschnitten
3 EL Zucker
2 EL Fischsauce
10 Okraschoten, halbiert
12 Kirschtomaten
4 (1 kg insg.) extragroße Riesengarnelen, mit Köpfen, geschält und entdarmt
2 Taro-Stängel, schräg in Stücke geschnitten
150 g Bohnensprossen
1 kleine Handvoll Reisfeldpflanze, fein gehackt
1 kleine Handvoll Culantro (Langer Koriander), fein gehackt
1 kleine Handvoll Thai-Basilikum, fein gehackt
2 Vogelaugenchilischoten, in dünne Ringe geschnitten

Zum Servieren

1 EL knuspriger Knoblauch (siehe Seite 26)
1 EL knusprige Röstschalotten (siehe Seite 25)
Bananenblüten (nach Belieben)

Die Zutaten für den Dip in einer kleinen Schale verrühren und beiseitestellen.

In einem Topf 300 ml Wasser bei hoher Temperatur zum Kochen bringen. Das Tamarindenmark hineingeben und mit einem Stößel zerteilen, bis es sich vollständig aufgelöst hat. Die Kerne und ein paar faserige Reste verbleiben. Das Tamarindenwasser durch ein Sieb in eine Schüssel gießen und mit einem Löffel möglichst viel Flüssigkeit aus den Rückständen im Sieb herauspressen. Diese anschließend wegwerfen. Den Topf ausspülen und das Tamarindenwasser wieder hineingießen.

Die Fischbrühe dazugeben und alles zum Kochen bringen. Die Ananasstücke, den Zucker und die Fischsauce unterrühren und 1 Minute garen. Die Okraschoten, die Kirschtomaten und die Garnelen dazugeben, alles bei mittlerer Hitze weitere 3 Minuten garen.

Nun die Taro-Stängel, falls verwendet, und die Bohnensprossen untermengen. Die Suppe erneut zum Kochen bringen.

Nun die Suppe abschmecken, denn jetzt lassen sich Süße und Salz je nach Geschmack justieren. Das Schöne an diesem Gericht ist, dass viele verschiedene Geschmackskomponenten zusammenwirken. Sie aufeinander abzustimmen und dem persönlichen Geschmack anzupassen ist genau das Richtige.

Nun die frischen Kräuter sowie die Chilischoten hineingeben und den Herd ausschalten.

Die Suppe in eine große Terrine schöpfen, mit dem knusprigen Knoblauch und den Röstschalotten bestreuen. Dazu Reis, Bananenblüten, falls verwendet, und den Dip reichen. Schmeckt auch hervorragend mit Karamellisiertem Kokosfisch (siehe Seite 43).

Hähnchen-Reis-Porridge

Cháo Gà

»Cháo gà« ist das vietnamesische Seelenfutter schlechthin, ein Frühstücksgericht, das in den ländlichen Gegenden nach wie vor jeden Tag gegessen wird. Die meisten kennen es aber als Krankenkost. Sobald sich das erste Schniefen einer anziehenden Erkältung einstellt, laufen vietnamesische Mütter in die Küche und kochen eine große Portion »cháo gà«.

In anderen Gegenden Vietnams serviert man eventuell chinesische Krapfen zum Eintunken in den Porridge dazu, ein schmackhafter Kontrast. In meiner Heimat, dem Mekongdelta, wird er immer mit einem großen Krautsalat als Beilage und einem Ingwerdip serviert. Die Schärfe von Ingwer und Chili kuriert garantiert jeden Männerschnupfen.

Für 4–5 Personen

Für den Krautsalat

je 250 g Weißkohl und Rotkohl, in Streifen geschnitten
2 rote Zwiebeln, in feine Streifen geschnitten
3 Karotten, in feine Streifen geschnitten
20 g Vietnamesischer Koriander *(rau răm)*, fein gehackt
20 g Minze, fein gehackt
4 EL Salatdressing mit Fischsauce und Limettensaft (siehe Seite 28)
1 EL knusprige Röstschalotten (siehe Seite 25)
1 EL geröstete Erdnüsse (siehe Seite 26; nach Belieben)

je 250 g Kleb- und Jasminreis
1 ganzes Maishuhn von etwa 1,5 kg
2 Zwiebeln, geschält
100 g frischer Ingwer, in Scheiben geschnitten, dann zerstoßen
1 EL Fischsauce
2 TL Zucker

Zum Servieren

6 Frühlingszwiebeln, in feine Röllchen geschnitten
10 g frischer Ingwer, in feine Streifen geschnitten
20 g Koriandergrün, fein gehackt
1 EL knusprige Röstschalotten
Ingwer-Fischsauce (siehe Seite 29)

Für den Salat in einer Schüssel Weißkohl, Rotkohl, rote Zwiebeln, Karotten sowie den Vietnamesischen Koriander und die Minze vermengen. Das Dressing dazugeben, durchheben und mit den Schalotten sowie den Erdnüssen, falls verwendet, bestreuen. Bis zum Servieren kalt stellen.

In einer weiteren Schüssel beide Reissorten 5 cm hoch mit Wasser bedecken und 1 Stunde einweichen. Anschließend abgießen.

In einem großen Suppentopf 2 l Wasser bei hoher Temperatur zum Kochen bringen. Das Huhn hineingeben, 1 TL Salz dazugeben und 10 Minuten garen. Die Brühe regelmäßig abschäumen und dann das Huhn bei mittlerer Temperatur weitere 45 Minuten garen. Das Huhn herausnehmen und für 5 Minuten in ein Eisbad geben, um den Garprozess zu stoppen. Beiseitelegen.

Den abgetropften Reis, die Zwiebeln und den zerstoßenen Ingwer in die Brühe geben, die Temperatur noch ein wenig reduzieren und alles 1 weitere Stunde köcheln lassen. Bei Bedarf etwas Wasser angießen.

Die Mischung sollte jetzt an Porridge erinnern und von dicker Konsistenz sein. Mit der Fischsauce, Salz und dem Zucker abschmecken, dann erneut zum Sieden bringen. Die folgenden 2 Minuten ständig umrühren. Alles sollte gleichmäßig vermengt werden. Dieses Gericht darf ausnahmsweise ein bisschen breiig sein.

Das Hähnchenfleisch auslösen, in 2 cm breite und etwa 4 cm lange Stücke schneiden und auf einem Teller anrichten.

Zum Servieren die ganzen Zwiebeln herausnehmen und den Reis-Porridge in einer Schüssel anrichten. Sie können jetzt alle Bestandteile getrennt auf den Tisch stellen, und jeder bedient sich selbst, oder das Fleisch unter den Porridge mengen und mit Frühlingszwiebeln, Ingwer, Koriandergrün und Röstschalotten garnieren. Den Krautsalat und die feurige Ingwer-Fischsauce dazustellen, dann kann gegessen werden.

Schweinsterrine mit Ei

Chả Trứng Hấp

Diese Terrine wird mit Bruchreis traditionell als Beilage serviert, schmeckt aber nicht weniger köstlich mit Jasminreis als Teil eines Familienessens. Ich weiß nie so recht, wie ich es beschreiben soll, wenn ich gefragt werde, es ist eine Kreuzung aus Omelett, Hackbraten und Terrine. Egal, es schmeckt absolut umwerfend, mehr müssen Sie nicht wissen.

Für 8–10 Personen

Für die Eimischung
4 Enteneigelb, leicht verschlagen
5 rote Thai-Schalotten, in feine Streifen geschnitten
3 Frühlingszwiebeln, schräg in dünne Röllchen geschnitten

Für die Fleischfarce
500 g Schweinehackfleisch
100 g dünne getrocknete Glasnudeln, 30 Minuten in warmem Wasser eingeweicht, abgetropft und in 4 cm lange Stücke geschnitten
100 g getrocknete Mu-Err-Pilze, 30 Minuten in warmem Wasser eingeweicht, abgetropft und fein gewürfelt
240 g Krebsfleisch aus der Dose, abgetropft
2 EL Fischsauce
1 EL Zucker
½ TL Salz
1 EL zerstoßener schwarzer Pfeffer
3 EL Pflanzenöl
6 Frühlingszwiebeln, fein gehackt
1 Zwiebel, fein gewürfelt
1 EL fein gewürfelter Knoblauch
4 Enteneier, leicht verschlagen
4 Enteneiweiß, leicht verschlagen

Zum Servieren (nach Belieben)
Frühlingszwiebeln, in feine Röllchen geschnitten
knusprige Röstschalotten (siehe Seite 25)
Vietnamesischer Koriander *(rau răm)*

Für die Eimischung in einer kleinen Schüssel das Eigelb mit den Schalotten und den Frühlingszwiebeln verschlagen, beiseitestellen.

In einer großen Schüssel sämtliche Zutaten für die Fleischfarce sorgfältig miteinander verkneten. Das Hackfleisch muss ganz fein zerkleinert werden, also sorgfältig arbeiten. Die Masse in eine große runde Auflauf- oder Backform von 23 cm Durchmesser füllen.

Einen Dämpftopf zusammensetzen. Alternativ einen großen Topf zur Hälfte mit Wasser füllen und einen kleinen Dreifuß als Untersatz für die Form hineinstellen (gibt es in jedem Küchenfachgeschäft – oder einfach eine kleine Schüssel umgekehrt einsetzen und die Form daraufstellen). Die Form darf keinen Kontakt zum Wasser haben, außerdem sollte der Topf so hoch sein, dass unter dem Deckel reichlich Platz ist, damit der Dampf zirkulieren kann. Die Form einsetzen, den Deckel auflegen und die Farce 20 Minuten dämpfen. Die Eimischung über die Terrine gießen und 10 Minuten mitdämpfen, bis sie gestockt ist.

Traditionell serviert man diese Terrine zum Mittagessen mit Schweinekoteletts, Bruchreis und einer Sauce zum Dippen, ich esse sie auch gern in einem Sandwich oder schlicht als Beilage oder Vorspeise. So oder so ein Hochgenuss.

Glasiertes Schweinefleisch mit Honig und Zitronengras

Thịt Heo Nướng Sả Và Mật Ong

Hier beschert der Honig dem Schweinefleisch eine sanfte Süße und Ihrem Magen ein ungeahntes Glücksgefühl.

Für 4 Personen

1 kg ausgelöste Schweinelende, in 4 Portionsstücke geschnitten

Für die Marinade
4 EL fein gewürfelte Zwiebeln
3 EL Honig
1 EL brauner Rohrohrzucker
2 TL schwarze Pfefferkörner
½ TL Salz
1 EL Fischsauce
2 EL Sojasauce
4 Stängel Zitronengras, fein gewürfelt
2 EL fein gewürfelter Knoblauch
6 EL Sesamöl

Sämtliche Zutaten für die Marinade im Mixer 15 Sekunden zerhacken. Dieser Schritt ist optional. Man kann sie auch auf traditionelle Weise einfach miteinander verrühren (eventuell die Pfefferkörner zuvor im Mörser zerstoßen). Nicht zu fein zerkleinert setzen die Zutaten kleine Aromakicks frei, wenn man darauf beißt, das hat etwas Ländliches, Herzhaftes. Durch das Mixen wird die Marinade jedoch glatter, die Zutaten verteilen sich gleichmäßiger.

In einer Schüssel das Fleisch in der Marinade einlegen und diese mit sauberen Händen in das Fleisch einmassieren. Die Schüssel mit Frischhaltefolie zudecken und das Fleisch im Kühlschrank mindestens 3 Stunden, am besten jedoch über Nacht marinieren.

Das Fleisch 30–45 Minuten vor der Zubereitung aus dem Kühlschrank nehmen, damit es Zimmertemperatur annehmen kann.

Den Backofen auf 160 °C vorheizen.

Die Fleischstücke auf ein Backblech legen und mit etwas Marinade bestreichen. Die restliche Marinade beiseitestellen. Das Blech in den Ofen schieben und das Fleisch 10 Minuten garen, nach 5 Minuten wenden.

Die Ofentemperatur auf 180 °C erhöhen, die restliche Marinade auf dem Fleisch verteilen und alles weitere 20 Minuten braten. Anschließend das Fleisch aus dem Ofen nehmen und 5–10 Minuten ruhen lassen.

Dazu passen am besten Reis, Salatgemüse oder eine einfache Gemüsepfanne Ihrer Wahl. Schmeckt auch ausgezeichnet als Lunch mit knusprigem Baguette.

Gebratener Schweinebauch mit Garnelen

Tôm Rang Thịt Ba Chỉ

Alle lieben Garnelen und zu Schweinebauch sagt ohnehin niemand Nein. Kommt noch die angenehm süß-salzige Note des Karamellisierens hinzu, hat man einen ländlichen vietnamesischen Klassiker, der selbst an den kältesten Tagen Leib und Seele wärmt. Wie alle bäuerlichen Gerichte erfordert dieser einfache Genuss keine ausgefallenen Zutaten, aber seien Sie gewarnt … Sie werden vom Tisch rollen, so gut schmeckt es, man kann einfach nicht aufhören!

Für 4 Personen als Teil einer größeren Auswahl

Für die Marinade
2 EL brauner Rohrohrzucker
2 EL Fischsauce
2 EL Sojasauce
1½–2 EL schwarze Pfefferkörner, zerstoßen
2 EL Pflanzenöl
10 rote Thai-Schalotten, fein gewürfelt

300 g rohe Garnelen, ohne Kopf
300 g Schweinebauch, in 2 cm große Würfel geschnitten
3 EL Pflanzenöl
2 EL fein gewürfelter Knoblauch
6 EL fein gewürfeltes Zitronengras
2 Vogelaugenchilischoten
6 Frühlingszwiebeln

In einer Schüssel sämtliche Zutaten für die Marinade verrühren. Die Garnelen in die Hälfte der Marinade einlegen und 3 Stunden marinieren.

In einer weiteren Schüssel den Schweinebauch sorgfältig in der restlichen Marinade wenden und ebenfalls 3 Stunden marinieren.

In einer Pfanne oder einem Wok das Öl bei mittlerer Temperatur erhitzen. Knoblauch und Zitronengras darin rasch goldgelb anbraten. Nun den Schweinebauch samt Marinade sowie die Chilischoten hinzugeben, alles 3 Minuten pfannenrühren. Dann die Garnelen samt Marinade hinzufügen, alles weitere 3 Minuten unter Rühren garen. Die Frühlingszwiebeln unterrühren und 1 letzte Minute mitgaren – Schweinebauch und Garnelen sollten anschließend goldbraun karamellisiert sein, gegebenenfalls die Temperatur leicht erhöhen.

Dieses Gericht schmeckt am besten mit Reis oder in Gesellschaft weiterer Gerichte, etwa einer Suppe oder einer Gemüsepfanne.

Bittergurken mit Hackfleischfüllung

Khổ Qua Nhồi Thịt Heo

Dieses Gericht trifft nicht jedermanns Geschmack. Doch für mich ist das Feuerwerk aus bitter, salzig, süß und scharf eine so außergewöhnliche Erfahrung für den Gaumen, dass es unbedingt mit ins Buch musste. In Vietnam mag praktisch jeder diesen Klassiker, in London hat er sich eher als eine Art vietnamesisches Marmite erwiesen, wenn ich es mal servierte – man liebt oder man hasst es. Etwas dazwischen gibt es nicht, dessen können Sie sicher sein.

Für 6 Personen

Für die Füllung
300 g Schweinehackfleisch
100 g getrocknete Glasnudeln, 30 Minuten in warmem Wasser eingeweicht, abgetropft und in 4 cm lange Stücke geschnitten
50 g getrocknete Mu-Err-Pilze, 30 Minuten in warmem Wasser eingeweicht, abgetropft und fein gehackt
6 Frühlingszwiebeln, fein gehackt
1 EL Zucker
1 TL Salz
1 TL Fischsauce
1 EL Sesamöl

6 Bittergurken (etwa 1 kg)
1 TL Fischsauce
1 EL Zucker
1 TL Salz

Für den Dip
100 ml Fischsauce
2 Vogelaugenchilischoten, schräg in dünne Ringe geschnitten

Zum Servieren
3 Frühlingszwiebeln, fein gehackt
20 g Koriandergrün (nach Belieben)
zerstoßener schwarzer Pfeffer

In einer großen Schüssel sämtliche Zutaten für die Füllung vermengen, dabei das Hackfleisch sorgfältig zerkleinern. Mit Frischhaltefolie zudecken und mindestens 3 Stunden, am besten aber über Nacht in den Kühlschrank stellen.

Die Bittergurken mit einem scharfen Messer der Länge nach aufschneiden und die weißen Kerne herauslösen. Die Hackmasse in die Gurkenhälften drücken, aber nicht zu viel und zu fest, sie dehnt sich beim Garen noch aus. So sämtliche Bittergurken vorbereiten und füllen.

In einem großen Topf 3 l Wasser bei hoher Temperatur zum Kochen bringen. Die gefüllten Bittergurken hineinlegen und 5 Minuten garen, anschließend Verunreinigungen, die sich an der Oberfläche abgesetzt haben, abschäumen.

Die Temperatur herunterstellen und die Bittergurken weitere 25 Minuten köcheln lassen, bis das Gemüse fast gar ist. Die Fischsauce, den Zucker und das Salz hinzugeben und noch einmal 5 Minuten garen. Anschließend sollten sich die Bittergurken mühelos mit einer Gabel einstechen lassen, jedoch nicht zerfallen.

In einer kleinen Schale die Fischsauce und die Chilischoten für den Dip verrühren.

Die gefüllten Bittergurken mit den Frühlingszwiebeln, dem Koriandergrün, falls verwendet, und etwas zerstoßenem schwarzem Pfeffer garnieren und servieren. Die Brühe in Schalen schöpfen und mit Jasminreis und dem Dip zum Eintunken dazu reichen.

Glasierte Schweinekoteletts mit Honig und Kokoswasser

Thịt Heo Khìa Nước Dừa Và Mật Ong

Traditionell würde man diese Koteletts mit einer Schweinsterrine mit Ei (siehe Seite 67) servieren, ein Gericht mit dem Namen »tấm«, was so viel heißt wie »Bruchreis«. Der Ursprung dieser Kombination liegt im ländlichen Vietnam, wo die Reisbauern den oft unverkäuflichen Bruchreis für ihre Familienmahlzeiten verwerteten. Und dazu aßen sie diese herrlichen karamellisierten Schweinekoteletts. Aus den Abschnitten des Fleischs, um auch die zu verwerten, machten sie eine Hackmasse, die wiederum zu einer Schweinsterrine mit Ei verarbeitet und mit einem Salat mit »bì«, klein geschnittener Schweineschwarte, serviert wurde. Generationen später ist diese Kombination immer noch beliebt, aber auch für sich genommen macht jedes einzelne dieser Gerichte eine gute Figur.

Für 4 Personen

Für die Marinade
- 2 EL Zucker
- 1 TL Salz
- 1 EL Fischsauce
- 3 EL Sesamöl
- 10 Frühlingszwiebeln, nur das Weiße, zerstoßen und fein gehackt
- 2–3 rote Chilischoten, zerstoßen und fein gehackt
- 10 Knoblauchzehen, fein gehackt

- 4 Stielkoteletts à 200 g
- 4 EL Pflanzenöl
- 300 ml Kokoswasser
- 3 EL Honig

Zum Servieren
- Frühlingszwiebeln, in feine Röllchen geschnitten
- 100 g Minzeblätter (nach Belieben)
- 100 g Koriandergrün (nach Belieben)

In einer Schüssel sämtliche Zutaten für die Marinade verrühren. Die Schweinekoteletts damit rundherum gleichmäßig einreiben. In den Kühlschrank stellen und mindestens 3 Stunden marinieren. Noch besser wird das Ergebnis, wenn die Koteletts genügend Zeit haben, über Nacht zu marinieren.

In einer Pfanne das Pflanzenöl bei mittlerer Temperatur auf 160 °C erhitzen. Zur Kontrolle ein Holzstäbchen hineinhalten. Bilden sich erste Bläschen, ist das Öl heiß genug.

Die Koteletts aus der Marinade heben (Reste beiseitestellen) in die Pfanne geben und von jeder Seite 90 Sekunden braun anbraten, jedoch nicht durchgaren. Das Kokoswasser und die verbliebene Marinade dazugießen, den Deckel schräg auflegen und alles weitere 20 Minuten garen.

Den Deckel abnehmen, die Temperatur erhöhen und die Koteletts mit dem Honig überziehen. Das Karamellisieren geht sehr schnell, darum die Koteletts immer wieder in dem Honig wenden, bis er sich gleichmäßig verteilt hat. Das Fleisch nicht aus den Augen lassen, der Honig verbrennt schneller, als man denkt. Weitere 3–5 Minuten garen (je nach Größe der Pfanne), bis die Sauce sirupartig eingedickt und das Fleisch schön goldbraun ist.

Sie können die Koteletts entweder tranchieren oder im Ganzen servieren. Das Fleisch mit einer Portion luftigem Jasminreis auf Tellern anrichten und mit den Frühlingszwiebeln sowie frischer Minze und Koriandergrün, falls verwendet, garnieren. Ein Beilagensalat, beträufelt mit Fischsauce und mit Röstschalotten bestreut, macht sich ebenfalls gut.

Rinderragout mit Kokos

Bò Kho

Wenn es kalt ist und man sich am liebsten zu Hause verkriechen möchte, ist dies das ideale Gericht, um Wärme zu tanken. Allein sein Duft im Haus genügt, um im Winter das Herz zu erwärmen. Würzig und mit einer dezenten Kokossüße ist dieses Ragout ein klassisch vietnamesisches Gericht, das sich je nach Tageszeit in verschiedenerlei Weise genießen lässt. Zum Frühstück bietet sich »bò kho« mit knusprigem Baguette an, zum Mittagessen kann man es über eine große Schale Reisnudeln mit frischen Kräutern schöpfen und zum Abendessen serviert man es mit gedämpftem Reis. Wählen Sie selbst oder kochen Sie wie ich gleich einen großen Topf davon, dann reicht es für alle drei Mahlzeiten.

In Südvietnam ist »bò kho« wie Pho ein traditionelles Frühstücksgericht. Das mag im Westen merkwürdig anmuten, macht aber durchaus Sinn, wenn man sich mit etwas Herzhaftem für einen langen Arbeitstag in den Reisfeldern stärken muss.

Eines muss ich noch erwähnen, dieses Rezept erfordert ein bisschen Geduld. Wenn Sie so ticken wie ich, sind Sie vielleicht versucht, alle fünf Minuten die Ofentür zu öffnen, um zu prüfen, ob das Ragout jetzt endlich mal fertig ist. Das verkürzt die Garzeit ganz und gar nicht – im Gegenteil. Egal wie unwiderstehlich der Duft ist – abwarten ist die Devise.

Zuerst für die Marinade in einer Pfanne ohne Fettzugabe die Gewürze bei mittlerer Temperatur 4–5 Minuten rösten. Sie sollten einen aromatischen Duft verströmen. Anschließend in einer Gewürzmühle 15–20 Sekunden fein zermahlen.

In eine große Schüssel Rinderbrust, Beinfleisch und den Ochsenschwanz legen. Die gemahlenen Gewürze und die restlichen Zutaten für die Marinade hinzufügen, alles sorgfältig miteinander vermengen und das Fleisch im Kühlschrank mindestens 3 Stunden oder über Nacht, wenn möglich, marinieren.

Den Backofen auf 150 °C vorheizen.

In einer großen ofenfesten Schmorpfanne das Annatto-Öl bei hoher Temperatur erhitzen. Das Fleisch samt seiner Marinade hineingeben – am besten portionsweise vorgehen, sonst herrscht zu großes Gedränge in der Pfanne – und 4 Minuten anbraten; dabei gelegentlich umrühren. Die Tomatenpaste, den Reiswein, das Kokoswasser, die Lorbeerblätter und das zerstoßene Zitronengras einrühren. Alles bei hoher Temperatur zum Kochen bringen und dann 10 Minuten leise köcheln lassen. Den Deckel auflegen und im Ofen 2½ Stunden schmoren. Widerstehen Sie unbedingt der Versuchung nachzuschauen …

Die Pfanne aus dem Ofen nehmen, die Karotten untermengen und das Ganze weitere 25 Minuten im Ofen schmoren. Die Zwiebeln dazugeben und noch einmal 5 Minuten garen … dann hat das Warten endlich ein Ende.

Das Ragout in Schalen oder auf tiefen Tellern anrichten und mit den Kräutern und Chilischoten garnieren. Mit 1 Spritzer Limettensaft lässt sich der würzige Fleischsaft ein bisschen auffrischen. Dazu getoastete Baguettebrötchen und den Salz-Pfeffer-Limetten-Dip (siehe Seite 27) reichen.

Für 6 Personen

Für die Marinade
10 Sternanis
5 getrocknete rote Chilischoten
2 Zimtstangen
3 Gewürznelken
1½ TL schwarze Pfefferkörner
2 EL fein gewürfelte rote Thai-Schalotten
2 EL fein gewürfelter Knoblauch
2 EL fein gewürfeltes Zitronengras
2 EL fein gewürfelte rote Chilischote
2 EL Zucker
2 EL Fischsauce

750 g Rinderbrust, in 4 cm große Würfel geschnitten
750 g Rinderhesse (Beinfleisch), in 4 cm große Würfel geschnitten
200 g Ochsenschwanz, in etwa 5 cm dicke Stücke geschnitten
75 ml Annatto-Öl (siehe Seite 22)
180 g Tomatenpaste aus getrockneten Tomaten
2 EL Reiswein
1 l Kokoswasser
4 Lorbeerblätter
4 Stängel Zitronengras, halbiert und zerstoßen
300 g junge Karotten oder 4 große Karotten, schräg in 1 cm dicke Scheiben geschnitten
2 große Zwiebeln, in Spalten geschnitten

Zum Servieren
20 g Thai-Basilikumblätter
20 g Korianderblätter
2 große Frühlingszwiebeln, fein gehackt
2 rote Chilischoten, fein gehackt
2 Limetten, in Spalten geschnitten
6 knusprige Baguettebrötchen
Salz-Pfeffer-Limetten-Dip (siehe Seite 27)

Glasierte Schweinerippchen

Sườn Khìa Nước Dừa

Diese knusprig gebräunten Rippchen schmecken besonders gut mit dem Karotten-Daikon-Pickle (siehe Seite 23) und einem Salat.

Für 2 Personen

3 EL Pflanzenöl
10 Knoblauchzehen, zerstoßen
2 EL fein gewürfelte Zwiebeln
5 rote Chilischoten, längs halbiert
1 kg Schweinerippchen, in 3 cm dicke Stücke geschnitten
3 EL Fischsauce
3 EL Karamellsauce (siehe Seite 27) oder brauner Rohrohrzucker
300 ml Kokoswasser
6 EL Frühlingszwiebeln, in feine Röllchen geschnitten
1 EL zerstoßene schwarze Pfefferkörner

Zum Servieren

1 Salatgurke, schräg in 1 cm dicke Scheiben geschnitten
2 Romanasalatherzen, Blätter getrennt
100 g Koriandergrün
100 g Minze
300 ml klassischer Fischsaucendip (siehe Seite 28)

In einer großen Pfanne das Öl bei mittlerer Temperatur auf 160 °C erhitzen. Zur Kontrolle ein Holzstäbchen hineinhalten. Bilden sich erste Bläschen, ist das Öl heiß genug. Knoblauch, Zwiebeln und Chilischoten hineingeben, alles 1 Minute goldbraun anbraten.

Die Rippchen, die Fischsauce und die Karamellsauce oder den Zucker hinzufügen und 5 Minuten bräunen; dabei ständig umrühren, damit der Zucker nicht verbrennt. Sobald die Rippchen goldbraun karamellisiert sind, das Kokoswasser angießen, einen Deckel auflegen und das Ganze bei geringer Temperatur 35–45 Minuten schmoren. Je länger die Rippchen garen, desto zarter werden sie.

Den Deckel abnehmen, die Frühlingszwiebeln unterrühren und dann bei hoher Temperatur weitere 5 Minuten garen und durchschwenken, bis das Kokoswasser nahezu völlig verkocht ist. Abschließend den zerstoßenen schwarzen Pfeffer untermengen.

Nun können die Rippchen serviert werden, dazu passt Reis, um ihr kräftiges süßsalziges Aroma zu besänftigen. Alles nach Belieben mit Gurken, Salat, Koriandergrün und Minze garnieren, ein Schälchen mit einem klassischen Fischsaucendip dazustellen, und es darf gegessen werden.

Suppen & Brühen

Pho

Wenn es ein Gericht gibt, das Herz und Seele der vietnamesischen Küche repräsentiert, dann ist es Pho. Unser Nationalgericht, traditionell zum Frühstück gegessen, wird mittlerweile auf der ganzen Welt und zu jeder Tages- oder Nachtzeit genossen. Es ist ein einfaches Essen, doch die feine Balance der Aromen macht es zu einem Gericht, das Hobby- wie Profiköche gleichermaßen mit Stolz erfüllt.

Ein nicht ganz so geheimes Geheimnis

Alles steht und fällt mit einer guten Brühe, wie meine Mutter immer sagte. Selbst das kleinste Detail kann bei dieser wunderbaren Suppe im Ergebnis einen Riesenunterschied machen. Hier ein paar Tipps, wie wirklich gute Pho gelingt:
Die Knochen: Verwenden Sie Rinderknochen, die reich an Mark sind, etwa von Hachse oder Bein. Meiden Sie Halsknochen.
Bioware: Ob Sie Bioprodukte verwenden oder nicht, bleibt Ihnen überlassen, ich kann es nur empfehlen. Der Geschmack ist kräftiger, die Struktur fester und auch das Fett ist geschmacksintensiver.

Klare Brühe: Vorheriges Blanchieren der Knochen entfernt Verunreinigungen, was sich in einer klaren Brühe niederschlägt. Keine Sorge, es bleibt kein Geschmack auf der Strecke. Erst durch langsames Garen bei geringer Hitze wird ihr intensives Aroma allmählich freigesetzt.

Langes und sanftes Garen: Stundenlanges Köcheln bei niedriger Temperatur ist der Schlüssel zu einer klaren aromatischen Brühe. Vermeiden Sie es, die Zutaten unnötig zu bewegen oder gar umzurühren, sonst zerfallen sie, und die Brühe wird trübe. Eile mit Weile, eine gute Planung und ausreichend Zeit garantieren ein perfektes Ergebnis.

Zwiebeln und Ingwer rösten: Das herrliche Raucharoma, das beim Rösten von Zwiebeln und Ingwer entsteht, verleiht der Brühe geschmackliche Tiefe. Dieser Schritt lässt sich nicht abkürzen.

Gewürze rösten: Das entlockt den Gewürzen maximalen Geschmack und fördert ein kräftiges Aroma der Brühe.

Kandiszucker: Seine zurückhaltende Süße glättet geschmackliche Rauheiten der Brühe, anders als herkömmlicher weißer Zucker, der zu dominant ist.

Abschmecken: Ob man die Brühe abschließend mit etwas Wasser verdünnt, ist eine Frage des persönlichen Geschmacks. Ist sie zu salzig, sollte man zum Ausgleich in jedem Fall etwas Wasser hinzugeben.

Heiß servieren: Pho sollte so heiß sein, dass das erst zum Servieren roh hineingegebene Rindfleisch darin garziehen kann. Außerdem sollte sie unverzüglich gegessen werden, sonst weichen die Nudeln durch!

Frische Kräuter: Ihr frisches, duftendes Aroma rundet die Suppe perfekt ab.

Rinder-Pho nach Art des Südens

Phở Bò Miền Nam

Rinder-Pho ist unser Nationalgericht und quasi ein Synonym für die vietnamesische Küche, darum spricht die Qualität der Brühe Bände über das Können des Kochs! Wie bei vielen vietnamesischen Klassikern variiert der Geschmack erheblich, je nachdem, aus welchem Teil des Landes man stammt. Ich komme aus dem Mekongdelta, so gibt dieses Rezept die südliche Machart wieder, die mir besonders am Herzen liegt. Über Generationen geformt und gefeilt, um es auf den Geschmack meiner Lieben abzustimmen, ist dies die Version, mit der ich seit der Eröffnung meines Restaurants »The Little Viet Kitchen« arbeite, und es ist mir eine Ehre, sie Ihnen hier vorzustellen.

Für 10 Personen

3 Zwiebeln
200 g frischer Ingwer
2 EL Fischsauce
500 g getrocknete Pho-Nudeln
150 g Bohnensprossen
500 g Oberschale vom Rind, in sehr dünne Scheiben geschnitten

Gewürze

10 Sternanis
5 g Gewürznelken
3 TL Koriandersamen
2 TL Fenchelsamen
3 Kardamomkapseln, aufgebrochen und Samen herausgelöst, Hülsen entsorgen
1 Zimtstange

Zum Säubern des Fleischs

2 unbehandelte Zitronen, halbiert
5 EL Salz

Die Zwiebeln und den Ingwer (beides ungeschält) über einer offenen Gasflamme rundherum rösten, bis die Schale geschwärzt ist. Alternativ Zwiebeln und Ingwer auf ein Backblech legen und im auf 180 °C vorgeheizten Ofen 20–25 Minuten rösten. Zwiebeln und Ingwer abkühlen lassen, bis man sie anfassen kann, anschließend schälen und unter kaltem Wasser abspülen. Beiseitelegen.

In einer kleinen Pfanne ohne Fettzugabe sämtliche Gewürze 3–5 Minuten bei mittlerer Temperatur rösten, bis sie aromatisch duften. Die Pfanne vom Herd nehmen und abkühlen lassen. Die Gewürze in ein Gewürzsieb ausleeren (die Zimtstange gegebenenfalls in Stücke brechen) und beiseitelegen.

Nun Knochen und Fleisch vorbereiten. Den Saft der Zitronen in einen Suppentopf pressen, die Fruchthälften hineingeben und reichlich kaltes Wasser dazugießen. Ochsenschwanz, Markknochen, Rinderbrust und -dünnung sowie die Querrippe einlegen, dann das Salz hineinstreuen, umrühren und 1 Stunde ziehen lassen.

Dann die Zitronenhälften entsorgen, das Wasser bei hoher Temperatur zum Kochen bringen. Fleisch und Knochen 5 Minuten blanchieren. Abgießen, unter kaltem Wasser abbrausen und abtropfen lassen.

Den Topf ausspülen und mit 8 l Wasser füllen. Fleisch und Knochen wieder hineingeben und bei maximaler Temperatur zum Kochen bringen, damit Verunreinigungen ausgeschwemmt werden und sich an der Oberfläche absetzen. Abschäumen, bis die Flüssigkeit ganz klar ist, die Temperatur herunterregeln und die Brühe mit schräg aufgelegtem Deckel 3 Stunden sanft köcheln lassen.

Dann die Zwiebeln und den Ingwer, den Daikon und 30 g Salz in die Brühe geben, den Kandiszucker einrühren und die Brühe weitere 2 Stunden garen. Anschließend den Daikon und die Zwiebeln vorsichtig herausfischen, das Gewürzsieb und die Fischsauce dazugeben, weitere 3 Stunden garen.

Fortsetzung Seite 88

Rinder-Pho nach Art des Südens ...

Die Brühe abschmecken. In Nordvietnam fällt Pho etwas salziger aus, im Süden des Landes ein wenig süßer.

Den Topf vom Herd nehmen, Fleisch und Knochen herausheben, alles abkühlen lassen. Fett, das sich an der Oberfläche abgesetzt hat, abschöpfen. Anschließend die Brühe vorsichtig durch ein großes Sieb in einen sauberen Suppentopf passieren. Soll die Brühe sehr klar werden, sollten Sie geduldig und sehr langsam arbeiten.

In einer Schüssel die Nudeln in kaltem Wasser 30–45 Minuten einweichen. Dann abgießen und beiseitestellen.

Das Rinderbrustfleisch auslösen und in Streifen rupfen. Die Dünnung in dünne Scheiben schneiden. Das Fleisch der Querrippe ablösen oder am Knochen servieren.

In einem Topf Wasser zum Kochen bringen und die Bohnensprossen darin 5–10 Sekunden blanchieren. Abgießen und auf die Servierschalen verteilen.

Den Topf mit frischem Wasser füllen, zum Kochen bringen und die eingeweichten Nudeln darin 5–10 Sekunden erhitzen. Abgießen und auf die Schalen verteilen. Das Fleisch dazugeben und die rohen Scheiben aus der Oberschale darauf arrangieren.

Die Brühe noch einmal kurz aufkochen und in die Servierschalen schöpfen. Das Knochenmark kann man mit hineingeben oder getrennt dazu reichen, sodass sich jeder selbst bedienen kann. Mit den frischen Kräutern garnieren und mit Limettenspalten, den Chiliringen sowie Sriracha- und Hoisinsauce zum Dippen servieren.*

Und nun genießen Sie Ihren ersten Löffel selbst gekochte Pho – Sie haben es sich verdient!

Für die Brühe

500 g Ochsenschwanz
500 g Rindermarkknochen, in 7 cm große Stücke gehackt (bitten Sie den Fleischer um Hilfe)
2 kg Rinderbrust am Knochen
500 g Rinderdünnung (Bauchlappen)
500 g Querrippe
1 Daikon-Rettich, geschält und halbiert
30 g Salz
200 g gelber oder weißer Kandis, zerstoßen

Zum Servieren

200 g Korianderblätter
200 g Frühlingszwiebeln
200 g Thai-Basilikumblätter
200 g Culantro (Langer Koriander; nach Belieben)
4 Limetten, in Spalten geschnitten
5 Vogelaugenchilischoten, in Ringe geschnitten
Srirachasauce zum Dippen
Hoisinsauce zum Dippen

* Die Saucen auf keinen Fall mit in die Brühe geben. Denken Sie an die vielen Stunden Arbeit, die Sie für ein perfektes Ergebnis hineingesteckt haben!

Hähnchen-Pho

Phở Gà

Die leichte duftende Hähnchen-Pho ist die kleine Schwester der komplexeren Rinder-Pho, aber nicht minder schmackhaft. Das zarte Hähnchenfleisch und die delikat abgeschmeckte Brühe dienen vielen Vietnamesen Tag für Tag als herzhaftes Frühstück. Da Hähnchen-Pho nur halb so lange benötigt wie die Rinder-Pho, hilft sie schnell mal aus der Klemme, wenn Sie der Pho-Appetit überkommt (was mir als Vietnamesin häufig passiert).

Dank des milden Geschmacks kommt diese Pho auch bei Kindern gut an. Auch ich mochte sie schon als Kind, und wenn ich heute meine Nichten und Neffen sehe, wie sie ihre Schale Pho schlürfen, wird mir immer ganz warm ums Herz. Ich hoffe, sie werden Pho genauso lieben wie ich und sie vielleicht eines Tages für ihre Kinder kochen.

Für 4–6 Personen

200 g getrocknete Pho-Nudeln
6 Frühlingszwiebeln
500 g Bohnensprossen
2 rote Chilischoten, in Ringe geschnitten
1 große Handvoll Thai-Basilikum
1 Handvoll knusprige Röstschalotten (siehe Seite 25)
2–3 Limetten, geviertelt
2 TL Hoisinsauce
2 TL Srirachasauce

Für die Brühe

2 Zwiebeln
20 g frischer Ingwer
5 Sternanis
1 TL Koriandersamen
1 Suppenhuhn (etwa 1,3 kg)
1 Stück Daikon-Rettich (18 cm), geschält
3 EL Fischsauce
50 g Kandiszucker, zerstoßen
1 TL Salz

Die Zwiebeln und den Ingwer über einer offenen Gasflamme rundherum rösten, bis die Schale geschwärzt ist. Alternativ Zwiebeln und Ingwer auf ein Backblech legen und im auf 180 °C vorgeheizten Ofen 20–25 Minuten rösten. Zwiebeln und Ingwer abkühlen lassen, bis man sie anfassen kann, anschließend schälen und unter kaltem Wasser abspülen. Beiseitelegen. In einer Pfanne ohne Fettzugabe den Sternanis und die Koriandersamen bei mittlerer Temperatur 2 Minuten rösten.

In einem großen Suppentopf 3 l Wasser zum Kochen bringen. Das Huhn, den Daikon sowie die gerösteten Zwiebeln und den Ingwer einlegen. Die gerösteten Gewürze in ein Gewürzsieb geben und vorsichtig auf dem Topfboden platzieren. Die Temperatur herunterregeln, die Brühe 1 Stunde köcheln lassen und bei Bedarf regelmäßig abschäumen.

Das Huhn herausnehmen, abkühlen lassen. Die Brühe durch ein Sieb passieren, die festen Zutaten wegwerfen. Die Brühe in den Topf gießen, die Fischsauce, den Zucker und das Salz hinzufügen, alles 30 Minuten köcheln lassen.

Inzwischen die Nudeln 20 Minuten in lauwarmem Wasser einweichen und anschließend abgießen. In einem Topf Wasser zum Kochen bringen und die Nudeln darin einige Sekunden erhitzen. Abgießen, abtropfen und abkühlen lassen.

Das obere Ende der Frühlingszwiebeln kürzen, die Basis kappen und die Stangen der Länge nach in feine Streifen schneiden. Die Streifen 5 Minuten in kaltes Wasser legen, damit sie sich kräuseln.

In eine Servierschale 1 Handvoll Nudeln geben, 1 kleine Handvoll Bohnensprossen darauf häufen. Das Hähnchenfleisch in große Stücke rupfen und auf den Sprossen arrangieren. Nun die heiße Brühe hineinschöpfen, aber noch ein bisschen Platz für die Kräuter lassen. Die Frühlingszwiebeln abgießen und abtropfen lassen, ein wenig davon in der Schale verteilen und das Ganze mit Chiliringen, Thai-Basilikum und Röstschalotten garnieren. Die anderen Schalen ebenso anrichten.

Abschließend jeweils mit dem Saft eines Limettenviertels abrunden. Mit Hoisin- und Srirachasauce zum Dippen sowie pro Person mit 1 zusätzlichen Limettenviertel servieren.

Nudelsuppe mit Taschenkrebs, Schweinefleisch und Tomaten

Bún Riêu Cua Giò Heo

Ich bin so vernarrt in dieses Gericht, dass es bei der Auswahl der Rezepte für dieses Buch gleich als Erstes auf meiner Liste landete. Eine kleine himmlische Schale, die mich immer an meine Großmutter erinnert. Wenn auf dem morgendlichen Markt hin und wieder der Ruf »Frische Krabben, kauft frische Krabben«! ertönte, wusste ich, heute gibt es »bún riêu«. Zumindest, wenn ich meine Oma rechtzeitig fand, bevor die anderen Köche im Dorf sie uns wegschnappten. Also rannte ich los, so schnell mich meine kleinen Beine trugen, und überbrachte ihr aufgeregt und völlig außer Atem die Nachricht. Zurück auf dem Markt zerrte ich an der Tasche ihres Hemdes, damit sie ihren Schritt beschleunigte. Ich solle doch nicht so aufgeregt sein, tat sie gleichmütig, doch das Leuchten in ihren Augen verriet mir, wie sehr sie sich selbst freute. Wie befriedigend es ist, seine Lieben mit einer Mahlzeit zu beglücken, habe ich auch bei meiner Mutter erlebt, und mir selbst geht es heute nicht anders.

Hier ist das Rezept für ein traditionelles authentisches »bún riêu«, ab und zu gebe ich ihm gern meine eigene Handschrift. Wem nach ein bisschen Luxus ist, kann mit den Krabben-Schweinefleisch-Bällchen zusätzlich Riesengarnelen und Krebsscheren hineingeben (jeweils 1 pro Person).

Für 10–12 Personen

Für die Brühe
2 EL Garnelenpaste
400 ml kochendes Wasser
1 kg Schweinsfüße
150 g Salz, plus 1 TL
1 kg durchwachsenes Schweinefleisch (aus der Keule)
1 kg Schweineknochen
2 Karotten, geschält
2 Zwiebeln, geschält
1 Daikon-Rettich, geschält und halbiert
300 g Kandiszucker, zerstoßen
2 EL Fischsauce
400 g frittierter Tofu (siehe Seite 25), gewürfelt

Für die Riêu-Sauce
6 Knoblauchzehen, fein gewürfelt
1 mittelgroße Zwiebel, fein gewürfelt
4 Frühlingszwiebeln, fein gehackt
3 EL Tomatenmark

Für die Brühe in einer Schüssel die Garnelenpaste mit dem kochenden Wasser übergießen, unter Rühren auflösen und 3 Stunden ziehen lassen. Das Wasser anschließend durch ein feines Sieb gießen und für die Brühe beiseitestellen. Die festen Rückstände entsorgen.

Während die Garnelenpaste zieht, in einem großen Topf reichlich Wasser zum Kochen bringen. Die Schweinsfüße und 1 TL Salz hineingeben, alles 1½ Stunden garen. Abgießen, die Schweinsfüße unter fließendem kaltem Wasser abbrausen, abtropfen lassen und beiseitelegen.

In demselben Topf erneut Wasser zum Kochen bringen. Das Schweinekeulenfleisch und die -knochen darin 5 Minuten blanchieren. Kalt abspülen, abtropfen lassen und beiseitelegen.

In einem großen Suppentopf 8 l Wasser bei hoher Temperatur zum Kochen bringen. Schweinsfüße, Keulenfleisch und Knochen sowie Karotten, Zwiebeln und den Daikon hineingeben. Alles wieder zum Kochen bringen und abschäumen. Die Temperatur herunterregeln und die Brühe 1 Stunde sanft köcheln lassen. Das Gemüse herausnehmen und die Brühe 1 weitere Stunde garen.

Inzwischen für die Riêu-Sauce in einem Topf sämtliche Zutaten bei mittlerer Temperatur 5–6 Minuten unter Rühren erwärmen, jedoch nicht aufkochen. Die Sauce in eine Schüssel gießen und abkühlen lassen.

Für die Krabben-Schweinefleisch-Bällchen in einem Topf Wasser zum Kochen bringen und den Taschenkrebs darin 20–25 Minuten garen. Abgießen und abtropfen, dann so abkühlen lassen, dass man ihn anfassen kann. Anschließend das Fleisch und den Rogen auslösen, in eine Schüssel geben. Hackfleisch, Salz, Zucker, Pfefferkörner und die Fischsauce hinzufügen, alles gründlich vermengen. Sobald die Masse abgekühlt ist, die Riêu-Sauce und die fein gehackten Garnelen untermengen. Zur Bindung die Eier einarbeiten. Die Masse mit den Händen zu Bällchen formen und diese beiseitelegen.

Wenn die Brühe insgesamt etwa 2 Stunden geköchelt hat, Schweinefleisch und Schweinsfüße herausnehmen. Das Keulenfleisch in dünne Scheiben schneiden und auf einem Brett beiseitelegen.

Nun Krabben-Schweinefleisch-Bällchen, 150 g Salz, Kandiszucker, Fischsauce und das Garnelenwasser in die Brühe geben, abschmecken. Alles 1 weitere Stunde köcheln lassen.

Inzwischen für die Tomaten in einem Topf das Öl bei mittlerer Temperatur erhitzen. Die Schalotten und die Kirschtomaten darin unter Rühren anschwitzen, bis die Schalotten goldgelb sind. Die abgetropften Dosentomaten hinzufügen und alles weitere 5–6 Minuten rühren, bis die Tomaten zerfallen. Vom Herd nehmen und bis zum Servieren warm stellen.

Für den Dip in einer kleinen Schale die Fischsauce mit den Chilischoten verrühren und beiseitestellen.

Sobald die Krabben-Schweinefleisch-Bällchen 1 Stunde in der Brühe verbracht haben und die Brühe selbst insgesamt seit 3 Stunden köchelt, die Nudeln nach Packungsanleitung garen und den Tofu die letzten 10 Minuten mit in die Brühe geben.

Zum Servieren die Bohnensprossen auf Servierschalen verteilen, die Nudeln darübergeben und jeweils einige Stückchen Keulenfleisch und *chả lụa* darauf arrangieren. Je nach Geschmack die Schweinsfüße in den Schalen anrichten oder separat dazu reichen.

Die heiße Brühe über die Nudeln in die Schalen schöpfen, den frittierten Tofu nicht vergessen, und die köstlichen Bällchen dazugeben. Zuoberst ein paar saftige Tomaten in die Servierschalen geben.

Dieses Gericht sollte man mit Limettenspalten, Chilischoten, Frühlingszwiebeln und reichlich frischen Kräutern genießen, also nach Herzenslust hinein damit.

320 g braunes Krebsfleisch (Dose), gehackt
50 g Stangenzimt
2 EL Annatto-Öl (siehe Seite 22, aber mit Sesamöl zubereitet)

Für die Krabben-Schweinefleisch-Bällchen
1 großer Taschenkrebs
200 g Schweinehackfleisch
1 TL Salz
1 TL Zucker
1 TL schwarze Pfefferkörner
1 TL Fischsauce
200 g getrocknete Garnelen, 30 Minuten in warmem Wasser eingeweicht, abgetropft und fein gehackt
6 Eier (Größe L), verschlagen

Für die Tomaten
2 EL Pflanzenöl
8 rote Thai-Schalotten, in feine Streifen geschnitten
1 kg Kirschtomaten
400 g Romatomaten aus der Dose, abgetropft

Für den Dip
15 ml Fischsauce pro Person
6 Vogelaugenchilischoten, in Ringe geschnitten

Zum Servieren
500 g getrocknete Reisnudeln
150 g Bohnensprossen, 20 Sekunden in heißes Wasser getaucht und abgetropft
400 g *chả lụa* (vietnamesische Fleischwurst), in dünne Scheiben geschnitten
2 Limetten, in Spalten geschnitten
6 Vogelaugenchilischoten, schräg in Ringe geschnitten
200 g Frühlingszwiebeln, fein gehackt
200 g Koriandergrün, zerzupft
200 g Shisoblätter, zerzupft
200 g Minzeblätter
200 g Bananenblüten, in feine Streifen geschnitten
200 g frischer Wasserspinat

Hanoi-Nudelsuppe mit Hähnchen, Schweinefleisch und Ei

Bún Thang

Eine einfache Brühe, die aber die gesamte Komplexität und Tiefe einer klassischen Nudelsuppe bietet. Das Gericht stammt aus Nordvietnam, wird jedoch landesweit genossen.

Für 6–8 Personen

Für die Brühe
500 g Hähnchenbrustfilet
300 g Schweinerippchen
1 kg Hähnchenkarkassen und Knochen
2 Zwiebeln, geschält
1 Daikon-Rettich, geschält, halbiert
1 TL Salz
1 TL Fischsauce
30 g Kandiszucker, zerstoßen
400 g dicke getrocknete Reisnudeln

Für die Einlage
8 getrocknete Shiitakepilze
5 EL getrocknete Garnelen
16 rohe Riesengarnelen, geschält und entdarmt
3 EL Pflanzenöl
250 g Schweinehackfleisch
1 TL Salz
3 TL Zucker
1 TL Fischsauce
1 TL zerstoßener schwarzer Pfeffer
½ TL gemahlene Kurkuma
5 Frühlingszwiebeln, fein gehackt
6 Eier (Größe M), verschlagen
400 g *chả lụa* (vietnamesische Fleischwurst), in feine Streifen geschnitten

Zum Servieren (nach Belieben)
100 g Frühlingszwiebeln, fein gehackt
100 g Koriandergrün, fein gehackt
100 g Vietnamesische Koriander
100 g weiße Zwiebeln, in feine Streifen geschnitten
knusprige Röstschalotten (siehe Seite 25)
100 g Vogelaugenchilischoten, schräg in feine Ringe geschnitten
1–2 unbehandelte Limetten, in Spalten geschnitten

Für die Brühe in einem Suppentopf 6 l Wasser bei hoher Temperatur zum Kochen bringen. Die Hähnchenbrustfilets, die Rippchen, die Karkassen und Knochen sowie die Zwiebeln und den Daikon hineingeben. Die Brühe abschäumen, die Temperatur herunterregeln und das Ganze 30 Minuten köcheln lassen. Die Hähnchenbrustfilets herausnehmen und auf einem Brett abkühlen lassen, bis man sie anfassen kann. Das Fleisch anschließend zerpflücken und in den Kühlschrank stellen.

Die Brühe mit dem Salz, der Fischsauce und dem Kandis abschmecken und weitere 45 Minuten garen. Dann die Karkassen und Knochen sowie den Daikon und die Zwiebeln herausnehmen, die Brühe weitere 15 Minuten köcheln lassen.

Für die Einlage die Shiitakepilze 1 Stunde in heißem Wasser einweichen. Abgießen mit Küchenpapier trocken tupfen. Anschließend die Pilze in ganz dünne Streifen schneiden und beiseitelegen.

In einer Schüssel die getrockneten Garnelen 30 Minuten in warmem Wasser einweichen, abgießen und im Mixer fein zermahlen. Diese Garnelenpaste beiseitestellen.

In einem Topf Wasser zum Kochen bringen. Die Riesengarnelen darin 2–3 Minuten blanchieren, abgießen und beiseitelegen.

Den Topf auswaschen, dann 1 EL Öl darin bei mittlerer Temperatur erhitzen. Das Schweinehackfleisch sowie Salz, Zucker, Fischsauce, schwarzen Pfeffer, Kurkuma und Frühlingszwiebeln dazugeben, gut umrühren und 8–10 Minuten anbraten.

In einer großen Pfanne das restliche Öl bei mittlerer Temperatur erhitzen. Ein Drittel des verschlagenen Eis eingießen, durch Neigen der Pfanne gleichmäßig zerlaufen lassen und garen, bis das Ei gestockt ist. Aus der Pfanne nehmen und 2 weitere Omeletts backen, gegebenenfalls nochmals zuvor Öl erhitzen. Die Omeletts in ganz feine Streifen schneiden und beiseitelegen.

Dann in einem Topf Wasser zum Kochen bringen und die Nudeln nach Packungsanleitung garen. Abgießen und unter kaltem Wasser abschrecken, um den Garprozess zu stoppen.

Zum Servieren je 1 Handvoll Nudeln in Schalen anrichten und jeweils eine kleine Portion der Pilze, der Riesengarnelen und der Omelettstreifen sowie 1 TL Garnelenpaste hineingeben. Die frischen Kräuter darüber verteilen.

Die Brühe wieder zum Kochen bringen und in die Schalen schöpfen.

Pro Person ein Tellerchen mit 1 Limettenspalte, einigen Chiliringen und ein wenig Garnelenpaste vorbereiten, sodass jeder nach Geschmack etwas davon zugeben kann.

Nudelsuppe mit Meeresfrüchten und Schweinefleisch

Hủ Tiếu Nam Vang

Ich werde häufig nach einem typischen südvietnamesischen Gericht gefragt, und wenn ich antworte »hủ tiếu«, ernte ich oft verständnislose Blicke. Offenbar haben noch nicht viele davon gehört, was schade ist, immerhin gehört es zu den schönsten Gerichten, die die vietnamesische Küche zu bieten hat. Es ist leicht und erfrischend, strotzt nur so vor Geschmack und bietet die unterschiedlichsten Texturen und Aromen. Wann immer ich es esse, könnte ich schwören, dass es mein Lieblingsgericht ist, und wundere mich dann, warum ich es nicht häufiger genieße.

Dies ist eine bestechende Kombination, eine wunderbare Verschmelzung von Einflüssen aus Kambodscha, China und natürlich Vietnam. Als wäre ein Land allein nicht schon kompliziert genug! Vertrauen Sie mir, es lohnt wirklich. Ich habe »hủ tiếu« schon mit zig verschiedenen Einlagen gesehen und das Ergebnis war immer stimmig. Solange Sie die Brühe richtig hinbekommen, steht Ihnen die Welt offen.

Es gibt zwei Varianten, »hủ tiếu« zu servieren. Dies ist eine dicke Suppe mit reichhaltiger Einlage. Es gibt auch eine trockene Version, bei der man im Grunde ebenso verfährt, nur die Brühe in Schalen separat serviert. Dann nur noch die Sojakaramellsauce zubereiten und über die festen Zutaten gießen – fertig.

Für 6–8 Personen

Für die Brühe

1 kg Schweinerippchen
1 kg Schweinerücken, in dünne Scheiben geschnitten
1 Daikon-Rettich, geschält und halbiert
2 Zwiebeln, geschält
100 g getrockneter, gesalzener Daikon-Rettich
50 g getrockneter Tintenfisch, unter kaltem Wasser abgespült und mit Küchenpapier trocken getupft
50 g getrocknete Garnelen, unter kaltem Wasser abgespült und mit Küchenpapier trocken getupft
300 g Kandiszucker, zerstoßen
2 EL Salz
1 EL Fischsauce

In einem Suppentopf Wasser bei hoher Temperatur zum Kochen bringen. Die Rippchen darin 3–5 Minuten blanchieren. Unter fließendem kaltem Wasser abspülen und dann abtropfen lassen.

In demselben Topf 6 l frisches Wasser erhitzen. Die Rippchen und den Schweinerücken hineingeben, zum Kochen bringen und abschäumen. Die Temperatur reduzieren und die Brühe 30 Minuten garen.

Den Schweinerücken aus der Brühe nehmen und in Scheiben schneiden, die Rippchen bleiben drin. Den Daikon, die Zwiebeln, den getrockneten, gesalzenen Daikon sowie den getrockneten Tintenfisch und die Garnelen hinzufügen. Alles erneut zum Kochen bringen, abschäumen und 1 Stunde sanft garen. Dann den Zucker und das Salz unterrühren, weitere 30 Minuten köcheln lassen. Die Fischsauce hineingeben und noch einmal 10 Minuten garen. Den Topf vom Herd nehmen.

Für die Hackeinlage in einem Topf das Öl bei mittlerer Temperatur erhitzen. Das Hackfleisch sowie Salz, Zucker, Pfeffer und die Frühlingszwiebeln darin 4–5 Minuten unter Rühren braten, bis das Fleisch gebräunt und durchgegart ist. Abkühlen lassen.

Den Schnittknoblauch, die Frühlingszwiebeln, das Koriandergrün und den Schnittsellerie fein hacken. In einer Schüssel sorgfältig vermengen und beiseitestellen.

In einem Topf Wasser zum Kochen bringen und die Nudeln darin 5–8 Minuten nach Packungsanleitung al dente kochen. Vom Herd nehmen, die Nudeln sofort in kaltem Wasser abschrecken, um den Garprozess zu stoppen. Damit sie nicht kleben, die Handflächen mit etwas Öl benetzen und die Nudeln mit den Händen durchheben. Beiseitestellen.

Für die trockene Version dieses Rezeptes die Sojakaramellsauce zubereiten. In einer kleinen Pfanne die Sojasauce und den Zucker ganz sanft erhitzen, bis die Mischung sirupartig karamellisiert ist. Die Pfanne vom Herd nehmen und beiseitestellen.

Für die Riesengarnelen und die Tintenfischringe in einem Topf Wasser zum Kochen bringen. Beides darin 2–3 Minuten blanchieren. Abgießen, abtropfen und beiseitestellen.

In einem Topf Wasser zum Kochen bringen, die Schweineleber darin 10 Minuten garen und anschließend 5 Minuten in Eiswasser kalt abschrecken. Abgießen, abtropfen lassen und in sehr dünne Scheiben schneiden. Die Krebsscheren ebenso garen.

Den Topf ausspülen und erneut mit Wasser füllen. Dieses bei hoher Temperatur zum Kochen bringen und die Bohnensprossen darin 5 Minuten blanchieren. Abgießen und abtropfen lassen.

In jede Servierschale einige Bohnensprossen geben. Die Nudeln auf die Schalen verteilen und mit dem Schweinerücken, den Leberscheiben, den Krebsscheren, den Tintenfischringen, den Garnelen und 1 EL der Hackmasse garnieren.

Die Brühe, falls verwendet, wieder zum Kochen bringen und in die Schalen schöpfen.

Für die trockene Version die Zutaten in den Schalen mit der Sojakaramellsauce übergießen und durchheben. Die Brühe können Sie in kleinen Schalen dazu reichen.

Abschließend mit den Röstschalotten, dem knusprigen Knoblauch und dem zerstoßenen Pfeffer verfeinern und den frischen Kräutern garnieren. Die Wachteleier in Scheiben schneiden und fächerartig in der Mitte auflegen. Mit Limettenspalten zum Auspressen servieren, ein paar Chiliringe obendrauf sorgen für einen feurigen Kick.

Für das Schweinehackfleisch

1 EL Pflanzenöl
500 g Schweinehackfleisch
½ TL Salz
½ TL Zucker
1 TL zerstoßene schwarze Pfefferkörner
4 Frühlingszwiebeln, nur das Weiße, fein gehackt

Zum Servieren

100 g Schnittknoblauch
100 g Frühlingszwiebeln
100 g Koriandergrün
100 g Schnittsellerie
knusprige Röstschalotten (siehe Seite 25)
knuspriger Knoblauch (siehe Seite 26)
8 TL zerstoßene schwarze Pfefferkörner
16 Wachteleier, hart gekocht und gepellt (alternativ 6–8 Hühnereier)
2 unbehandelte Limetten, in Spalten geschnitten
6 Vogelaugenchilischoten, schräg in dünne Ringe geschnitten

400 g *hủ tiếu*-Nudeln (frische Bandnudeln aus Reismehl und Tapiokastärke)
1 TL Pflanzenöl, für die Nudeln
16 rohe Riesengarnelen, geschält und entdarmt
200 g Kalmartuben, in 1 cm dicke Ringe geschnitten
200 g Schweineleber
16 Krebsscheren
300 g Bohnensprossen

Für die Sojakaramellsauce (nach Belieben)

2 EL Sojasauce
6 EL Zucker

Pikante Nudelsuppe mit Rind- und Schweinefleisch

Bún Bò Huế

Dieses Gericht, ein persönlicher Favorit, besticht durch seine aromatische Vielschichtigkeit und hat genügend Feuer, um einen Drachen zu verschrecken. Es ist typisch für Hué und verkörpert die für die Region charakteristische würzige Schärfe, die andernorts eher unüblich ist.

Traditionell würde man gewürfeltes Schweineblut und Schweinefrikadellen nach Hué-Art zu den Nudeln servieren. Wer dieses Gericht im authentischen Stil genießen möchte, gibt einfach beides vor dem Servieren in die heiße Brühe. Bei diesem Rezept fehlen sie allerdings, ich persönlich esse die Brühe nämlich lieber ohne sie.

Lassen Sie sich nicht von den Mengen abschrecken. Es ist ein Familiengericht, und das erfordert nun mal ein paar mehr Zutaten. Die Brühe lässt sich bis zu 3 Monate einfrieren.

Für 15 Personen

2 EL Garnelenpaste
400 ml fast kochend heißes Wasser
2 unbehandelte Zitronen, halbiert
1 kg Ochsenschwanz, in 5 cm große Stücke gehackt
500 g Schweinerippchen
1 kg Rinderhesse (aus Hinterkeule)
1 kg Schweinshachse
500 g Rinderbrust
5 EL Salz
4 EL Sesamöl
3 EL Annatto-Samen
5 Knoblauchzehen, fein gehackt
8 Schalotten, in feine Streifen geschnitten
750 g dicke Reisnudeln, nach Packungsanleitung gegart

Für die Brühe

2 EL Pflanzenöl
2 kleine Zimtstangen
4 Gewürznelken
3 Knoblauchzehen
150 g frischer Ingwer, ungeschält in 2 cm dicke Scheiben geschnitten
10 Stängel Zitronengras, zerstoßen

Für das Garnelenwasser 2 EL Garnelenpaste in dem kurz aufgekochten Wasser unter Rühren auflösen und 3 Stunden ziehen lassen. Das Garnelenwasser durch ein feines Sieb passieren und beiseitestellen.

Dann einen großen Suppentopf mit reichlich kaltem Wasser füllen und den Saft der Zitronen hineinpressen, die Fruchthälften mit hineingeben. Ochsenschwanz, Schweinerippchen, Hessen- und Hachsenstücke sowie die Rinderbrust und das Salz hinzufügen, 1 Stunde ziehen lassen. Das Fleisch anschließend waschen und abtropfen lassen.

Für die Brühe in einem Topf das Pflanzenöl bei mittlerer Temperatur erhitzen. Zimt, Nelken, Knoblauch, Ingwer und das Zitronengras darin 5–6 Minuten anschwitzen, bis das Gewürzöl goldgelb ist und aromatisch duftet. Abkühlen lassen.

In einem großen Suppentopf reichlich Wasser zum Kochen bringen, das Fleisch darin bei hoher Temperatur 3–4 Minuten blanchieren. Gegebenenfalls abschäumen, den Topf vom Herd nehmen und das Wasser entsorgen. Das Fleisch unter fließendem kaltem Wasser waschen und mit Küchenpapier trocken tupfen.

Den Topf mit 8 l frischem Wasser füllen und das blanchierte Fleisch einlegen. Zum Kochen bringen, gegebenenfalls abschäumen und das Fleisch bei geringer Temperatur 1 Stunde garen. Das Gewürzöl inklusive fester Bestandteile hinzugeben, alles weitere 3 Stunden köcheln lassen.

Inzwischen in einem kleinen Topf das Sesamöl bei mittlerer Temperatur erhitzen und die Annatto-Samen darin 2–3 Minuten rösten, bis sich das Öl rot gefärbt hat. Das Öl durch ein Sieb in eine Schale abseihen, die Samen entsorgen. Das Öl zurück in den Topf gießen, Knoblauch und Schalotten hinzufügen und alles bei niedriger bis mittlerer Temperatur 2–3 Minuten goldgelb und glasig schwitzen. Vom Herd nehmen und beiseitestellen.

Für die Garnelen-Chili-Sauce in einem Topf das Pflanzenöl bei mittlerer Temperatur erhitzen. Knoblauch, Zitronengras und die Chilischoten darin unter Rühren goldgelb anschwitzen. Die Chiliflocken und die Garnelenpaste hinzufügen, alles gut umrühren und vom Herd nehmen. Sofort das Sesamöl dazugießen – es kühlt die Sauce rasch herunter und stoppt den Garprozess. Beiseitestellen.

Nach Ablauf der 3 Stunden Garzeit von Hesse, Schweinshachse und Ochsenschwanz dieses Fleisch aus der Brühe nehmen und auf einem Backblech abkühlen lassen. Anschließend in den Kühlschrank stellen, bis die Brühe fertig ist.

Verkochtes Wasser gegebenenfalls ergänzen. Die Ananas, den Daikon und die Zwiebeln in die Brühe geben und gemeinsam weitere 4½ Stunden köcheln lassen. Dann die Rinderbrust und die Schweinerippchen herausnehmen.
Das Garnelenwasser sowie Zucker, Salz, Fischsauce und das Annatto-Öl mit Knoblauch und Schalotten hinzufügen, etwa 3 EL (je nach Geschmack) der Garnelen-Chili-Sauce einrühren. Die Brühe noch einmal 30 Minuten köcheln lassen, abschmecken und warm stellen.

Das Fleisch von Schweinshachse und Rinderbein ablösen und in dünne Scheiben schneiden, gegebenenfalls auch größere Stücke mit Knochen mit dem Hackebeil zerkleinern. Die Rinderbrust längs zur Faser in Streifen zerpflücken, den Ochsenschwanz in Stücke teilen. Die Schweinerippchen können ebenfalls serviert werden, ihr Geschmack ist allerdings überwiegend in die Brühe gewandert.

Zum Servieren je 1 Handvoll Bohnensprossen, die Nudeln, je 3 kleine Stücke von jeder Fleischsorte und 1 Stück Ochsenschwanz auf die Servierschalen verteilen. Die heiße Brühe hineinschöpfen und mit frischen Kräutern, Chilischoten und, falls verwendet, mit Shisoblättern, Wasserspinat und Bananenblüten garnieren. Noch ein wenig *chả lụa* dazulegen und mit Limettenspalten zum Auspressen für eine frische Note servieren.

Und nun zurücklehnen und zulangen, als würde niemand zusehen!

½ reife Ananas, geschält und in 2 cm dicke runde Scheiben geschnitten
1 Daikon-Rettich, geschält und grob gewürfelt
3 Zwiebeln, geschält
300 g Kandiszucker, zerstoßen
200 g Salz
3 EL Fischsauce

Für die Garnelen-Chili-Sauce
100 ml Pflanzenöl
100 g Knoblauch, fein gehackt
4 Stängel Zitronengras, ganz fein gehackt
100 g Vogelaugenchilischoten, fein gehackt
30 g getrocknete Chiliflocken
2 EL Garnelenpaste
100 ml Sesamöl

Zum Servieren
200 g Bohnensprossen
200 g Thai-Basilikum
200 g Korianderstiele
100 g Frühlingszwiebeln, gehackt
3–5 Vogelaugenchilischoten, in Ringe geschnitten
200 g Shisoblätter (nach Belieben)
200 g Wasserspinat (nach Belieben)
200 g Bananenblüten (nach Belieben)
400 g *chả lụa* (vietnamesische Fleischwurst), in feine Streifen geschnitten
2 Limetten, in Spalten geschnitten

Straßen-küche

Straßenküche

Als Kind war ich nie in einem Restaurant, der Markt bot aber auch alles, was ich gern mochte. Gutes Essen muss nicht teuer sein, nur verlockend duften muss es, vor Geschmack strotzen und, am wichtigsten, mit Liebe und Sorgfalt zubereitet sein. Wenn ich heute auf einen vietnamesischen Markt gehe, bin ich immer vollkommen überwältigt von den Bildern, Klängen und Düften. Unmöglich, da keinen Appetit zu bekommen …, schon, wenn ich daran denke!

In Vietnam öffnen die Märkte früh, oft bereits um fünf oder sechs Uhr, man muss sich also zeitig auf den Weg machen, um die besten Zutaten oder Speisen zu ergattern. Wer erst um acht erscheint, kommt zu spät! Traditionell steht eine Familie über Generationen hinweg an derselben Stelle und bietet die gleichen Köstlichkeiten. Jeder Streetfood-Stand gleicht einem Mini-Restaurant, in dem ein meisterhaft geschulter »Küchenchef« stolz und mit aller Hingabe seine Spezialitäten zubereitet.

Dieser Stolz der Vietnamesen auf ihre Küche ist ein ausgesprochen wichtiger Teil unserer Kultur und nirgendwo wird das so deutlich wie auf dem Markt. Jeder Essensstand ist für ein bestimmtes Gericht bekannt, und die meisten bieten nur eine Speise, die aber perfekt zubereitet. Für die besten Frühlingsrollen geht man zu Frau X und das beste »bánh mì« gibt es bei Frau Y – es ist ihr Aushängeschild, und kein anderer auf dem Markt würde es anbieten. Jeder Standinhaber ist stolz auf das eigene Produkt. Die Frauen geben sich immer sehr großzügig, egal wer der Kunde ist, und laden den Teller so voll wie möglich. Wie Sie sich vorstellen können, gelang es mir als Kind immer, ein bisschen mehr auszuhandeln!

Auf dem Land, wo der nächste Supermarkt meist weit entfernt ist, spielt der Markt eine wichtige Rolle. In dem Dorf, in dem ich aufwuchs, aber auch in vielen anderen Dörfern landauf, landab, gleicht der Markt einer großen Gemeinschaftsküche. Es ist, als würde man sich aus den vielen Familienmahlzeiten die besten Stücke herauspicken. Mir gefiel schon immer die Idee, aus einer Auswahl verschiedener Dinge zu probieren!

Für mich ist die vietnamesische Marktküche Spiegel des Lebens selbst, es ist ein Ort, an dem sich bedeutende wie triviale Dinge abspielen. Tag für Tag kommen dort alle zusammen, kaufen ein, verkaufen, tauschen. Dort kommt man unter Leute, trinkt Tee und diskutiert über Gott und die Welt.

Die Familie, das Zuhause und der Esstisch stehen im Mittelpunkt der vietnamesischen Kultur, und die Märkte haben darin ihren festen Platz. Auf dem Markt kommt alles zusammen – harte Arbeit, Einsatz, Spaß, Liebe und Leidenschaft. Am meisten erinnere ich mich jedoch an Fröhlichkeit. Und natürlich an die wunderbaren Gerichte und Zutaten, die mich heute bei meiner Arbeit inspirieren.

Wir hatten nicht viel damals in Vietnam, meine Mutter musste jeden Tag hart arbeiten, um uns zu ernähren. Für den Markteinkauf blieb da nicht viel übrig. Wenn man weiß, dass es einen Zuckerrohrspieß nur alle vier Wochen gibt, dann kostet man jeden noch so kleinen Bissen aus. Wie das Stückchen Fleisch bei einem großen Familienessen, das man vor dem Auftragen schnell noch stibitzt … stets der beste Bissen des gesamten Mahls!

Ich habe den vietnamesischen Markt als sehr gastlichen und fröhlichen Ort in Erinnerung, an dem ein ausgeprägtes Gemeinschaftsgefühlt herrschte. Bevor nicht alles restlos verkauft war, konnte man sich nicht den anderen Aufgaben des Tages widmen, sich um Haus und Familie kümmern, Felder bestellen, Vieh versorgen und Vorbereitungen für den nächsten Markttag treffen. Es herrschte ein ausgeprägter Geist der Hilfsbereitschaft und gegenseitigen Unterstützung. Nicht selten kaufte man irgendetwas, ohne es wirklich zu benötigen, nur um Frau Z und ihrer Familie zu helfen.

Die Rezepte in diesem Kapitel spiegeln die köstlichen Aromen und Zutaten, die wir damals auf dem Markt fanden, wider. Ich hoffe, Sie werden sie genauso ins Herz schließen wie ich damals.

Vietnamesisches Sandwich

Bánh Mì

»Bánh mì« ist ein typischer vietnamesischer Straßensnack. Sie können ihn belegen, mit was immer Sie möchten, hier stelle ich Ihnen meine Favoriten vor.

Für 1 Person

- 1 Baguettebrötchen
- 2 TL Butter
- 3 TL Mayonnaise (siehe Seite 30)
- 4 TL Hähnchenleberpastete
- 1 Salatgurke, in dicke Scheiben geschnitten
- 20 g Karotten-Daikon-Pickle (siehe Seite 23)
- Belag nach Wahl (siehe folgend und Seite 113)
- 2 Korianderzweige, Blätter abgezupft
- 1 Frühlingszwiebel, das Weiße längs in Streifen geschnitten
- 2 TL Sojasauce
- ¼ rote Chilischote, in Ringe geschnitten
- 1 TL knusprige Röstschalotten (siehe Seite 25)
- 1 Prise zerstoßener schwarzer Pfeffer

Den Backofen auf 180 °C vorheizen, das Brötchen darin 2–3 Minuten aufbacken. Dann aus dem Ofen nehmen und der Länge nach auf-, aber nicht ganz durchschneiden. Eventuell einen Teil der Krume herauslösen, damit genug Platz für den Belag ist.

Eine Brötchenhälfte zuerst mit Butter, dann mit Mayonnaise bestreichen. Auf die andere Hälfte die Leberpastete auftragen.

Das Brötchen mit den Gurkenscheiben belegen, gefolgt von dem Karotten-Daikon-Pickle und einer großzügigen Portion des gewählten Belags. Mit den Korianderblättern und der Frühlingszwiebel garnieren und mit der Sojasauce beträufeln.

Abschließend mit den Chiliringen, den Röstschalotten und dem Pfeffer bestreuen, den Deckel andrücken und den Snack genießen.

Hähnchen-Zitronengras-Belag

Bánh Mì Thịt Gà Xào Sả Ớt

Für 4 Baguettebrötchen

- 750 g Hähnchenbrustfilets
- 2 EL Pflanzenöl

Für die Marinade

- 2 TL Sojasauce
- 1 TL Fischsauce
- 1 TL Austernsauce
- 1 EL Zucker
- 1 TL flüssiger Honig
- 2 EL fein gewürfeltes Zitronengras
- 2 EL fein gewürfelter Knoblauch
- 1 EL fein gewürfelte Chilischote
- 1 EL fein gewürfelte Zwiebel
- 4 EL Sesamöl

Das Fleisch schräg in 1 x 5 cm große Streifen schneiden. In einer großen Schüssel diese mit sämtlichen Zutaten für die Marinade vermengen. Das Fleisch mindestens 3 Stunden, am besten aber über Nacht, in den Kühlschrank stellen.

In einer Pfanne das Öl bei mittlerer Temperatur auf 160 °C erhitzen. Zur Kontrolle ein Holzstäbchen hineinhalten. Bilden sich erste Bläschen ist das Öl heiß genug.

Die Hähnchenstreifen samt Marinade darin 10–12 Minuten pfannenrühren, bis das Fleisch goldgelb und durchgegart ist. Alles beständig in Bewegung halten, da der Zucker in der Marinade leicht verbrennt.

Die Pfanne vom Herd nehmen und das »bánh mì« sofort mit dem Hähnchenfleisch belegen.

Schweinebauchbelag

Bánh Mì Thịt Heo Nướng Xả Ớt

Für 4 Baguettebrötchen

750 g Schweinebauch
12 Bambusspieße, 20 Minuten in kaltem Wasser eingeweicht

Für die Marinade
1 TL Sojasauce
2 TL Fischsauce
1 TL Austernsauce
1 EL Zucker
1 EL Honig
2 EL Chili-Zitronengras-Marinade (siehe Seite 21)
2 EL fein gewürfeltes Zitronengras
2 EL fein gewürfelter Knoblauch
1 EL fein gewürfelte Zwiebeln
4 EL Sesamöl

Den Schweinebauch in 5 x 0,5 cm große Streifen schneiden. In einer großen Schüssel diese sorgfältig mit sämtlichen Zutaten der Marinade vermengen. Das Fleisch in den Kühlschrank stellen und mindestens 3 Stunden, am besten jedoch über Nacht marinieren.

Die Schweinebauchstreifen auf die Spieße fädeln (so gart die Kruste schöner), aber nicht zu viele pro Spieß, denn sonst garen sie ungleichmäßig.

Den Backofen auf 180 °C vorheizen und ein Backblech mit Backpapier auslegen. Die Spieße auf das Blech legen, die restliche Marinade beiseitestellen. Die Spieße 10 Minuten im Ofen braten, wenden und von der anderen Seite weitere 10 Minuten garen.

Die Spieße mit der verbliebenen Marinade übergießen, weitere 5 Minuten garen und dann aus dem Ofen nehmen.

Die Fleischstreifen mit einer Gabel von den Spießen direkt auf das »bánh mì« streichen. Zum Anbeißen!

Frittierter-Tofu-Zitronengras-Belag

Bánh Mì Tàu Hũ Chiên Xả Ớt

Für 4 Baguettebrötchen

400 g frittierter Tofu (siehe Seite 25)
2 EL Pflanzenöl
1 EL fein gewürfelter Knoblauch
1 EL fein gewürfeltes Zitronengras
2 TL Sojasauce
2 TL vegetarische Austernsauce
1 EL Zucker
1 EL Honig
1 EL fein gehackte rote Chilischote
1 EL fein gewürfelte Zwiebeln
3 EL Sesamöl

Den Tofu in eine Schüssel legen.

In einer Pfanne das Pflanzenöl bei mittlerer Temperatur auf 160 °C erhitzen. Zur Kontrolle ein Holzstäbchen hineinhalten. Bilden sich erste Bläschen, ist das Öl heiß genug.

Den Knoblauch und das Zitronengras darin 2 Minuten goldbraun anbraten. Die restlichen Zutaten, außer dem Tofu, dazugeben und alles 3 Minuten pfannenrühren.

Die Pfanne vom Herd nehmen, die Mischung über den Tofu gießen und abkühlen lassen. Behutsam mit den Fingern durchheben, bis sämtliche Tofustreifen rundherum gleichmäßig mit der Sauce bedeckt sind. Das »bánh mì« mit dem Tofu belegen.

the little
islington.

Zuckerrohrspieße mit Garnelenküchlein

Chạo Tôm Bao Mía

Dies ist vermutlich das einzige Gericht, bei dem mir das Essen nicht schnell genug geht. Und nur, weil ich dann auf dieser köstlichen, süßsaftigen Zuckerrohrstange herumkauen darf, die noch nach Kräutern und Garnelen schmeckt. Was für eine Freude, die strahlenden Gesichter der Kinder zu sehen, wenn sie daran lutschen. Es ist wie ein Überraschungsei, in dem kein Spielzeug steckt, sondern noch ein Überraschungsei! Wer sagt da schon Nein?

Manche Genüsse der Straßenküche begleiten uns ein Leben lang. Für mich muss es nicht teuer oder ausgefallen sein. Nur der Geschmack sollte Erinnerungen wecken und einen überallhin begleiten. Dieses Gericht gehört definitiv dazu.

Zuckerrohr ist im Mekongdelta günstig erhältlich, neben Kokos die Nascherei schlechthin. Für uns Kinder war es völlig normal, zwischendurch mal an so einer »Zuckerstange« zu lutschen.

Der Saft wird auf dem Markt frisch ausgepresst, in kleine durchsichtige Plastiktüten mit einem Strohhalm abgefüllt und mit einem bunten Gummiband verschlossen. Leider gibt es das hier nicht, und die importierte Dosenware ist einfach nicht dasselbe. Umso größer ist der Genuss, wenn ich mal zu Besuch bei meinen Großeltern in Vietnam bin.

Los geht's, je eher Sie dieses Rezept ausprobieren, desto eher verstehen Sie mich.

Fortsetzung Seite 118

Zuckerrohrspieße mit Garnelenküchlein ...

Ergibt 12 Stück

Für die Garnelenfarce
500 g rohe Garnelen, geschält und entdarmt
1 EL fein gehacktes Zitronengras
1 TL fein gehackte rote Chilischote
1 EL zerstoßene schwarze Pfefferkörner
4 Frühlingszwiebeln, fein gehackt
2 TL Zucker
1 TL Salz
1 EL Maisstärke
1 TL Fischsauce
3 EL Sesamöl
2 Eiweiß, verschlagen

5 EL Sesamöl
12 frische Zuckerrohrstangen (Asiamarkt), alternativ TK-Ware, aufgetaut
1,5 l Pflanzenöl

Für die Garnelenfarce im Mixer sämtliche Zutaten 25–30 Sekunden zerkleinern. In eine Schüssel füllen und mindestens 3 Stunden in den Kühlschrank stellen, am besten jedoch über Nacht, dann werden die Küchlein besonders locker.

Die Masse in 12 Portionen à etwa 60 g teilen. Die Hände ganz leicht mit Sesamöl benetzen, die erste Portion aufnehmen, zu einer Kugel rollen und dann zu einem runden Küchlein abflachen. So die gesamte Masse zu Küchlein formen, zwischendurch die Hände immer wieder leicht einölen.

Einen Zuckerrohrstick mittig auf ein Garnelenküchlein platzieren, sodass er an beiden Enden übersteht. Das Küchlein fest um den Stick wickeln, an der Naht glätten und die Teigmasse mit der Handfläche in eine rundliche Form bringen. Die Hände erneut leicht einölen, dann geht es mit der Formgebung etwas leichter. Es muss nicht perfekt sein, Hauptsache, die Masse bleibt an dem Stick haften. So alle Garnelensticks vorbereiten.

Sie können die Sticks grillen oder frittieren. Ich mag sie lieber frittiert. Grillen ist zweifellos gesünder und eine ebenso schmackhafte Option.

Zum Frittieren in einer großen Pfanne oder einem Topf das Pflanzenöl bei mittlerer Temperatur auf 160 °C erhitzen. Zur Kontrolle ein Holzstäbchen hineinhalten. Bilden sich erste Bläschen, ist das Öl heiß genug. Die Spieße darin 2–3 Minuten goldbraun und knusprig frittieren (die Garzeit hängt von der Dicke der Küchlein ab).

Zum Grillen der Spieße den Backofengrill heizen und ein Blech mit einer Silikonbackmatte auslegen. Die Spieße darauf 2–3 Minuten grillen, bis sie rundherum goldbraun und durchgegart sind; zwischendurch wenden.

Es gibt mehrere Möglichkeiten »cháo tôm bao mía« zu servieren. Als Vorspeise oder Snack mit meiner Tomatensauce (siehe Seite 31) oder auf Reisnudeln mit reichlich frischen Kräutern und dem klassischen Fischsaucendip (siehe Seite 28). Oder man zieht sie von den Spießen ab und wickelt sie in Reispapier zu einer Sommerrolle.

Knusprige Frühlingsrollen mit Schweinefleisch und Garnelen

Chả Giò Tôm Thịt Heo

Diese himmlischen Rollen, gefüllt mit schmackhaft gewürztem Fleisch und Gemüse, sollten knusprig-goldbraun und innen zart im Biss sein. Dünnes durchsichtiges Reispapier ist die traditionelle Hülle dafür, da es jedoch nicht ganz einfach zu handhaben ist, versuchen Sie es vielleicht lieber mit der etwas dickeren chinesischen Variante aus Weizenmehl. So oder so, Geduld und Übung sind bei diesem Rezept die Geheimzutaten. Nur Mut, nicht aufgeben, selbst wenn das eine oder andere Röllchen reißt, sie sind dennoch ein absoluter Hochgenuss!

Ergibt 16 Rollen

Für die Füllung

100 g getrocknete Glasnudeln
50 g getrocknete Mu-Err-Pilze
250 g Schweinehackfleisch
250 g rohe Riesengarnelen, geschält, entdarmt und gehackt
200 g Karotten, gerieben
50 g Weißkohl, in Streifen geschnitten
100 g Wasserkastanien (Dose), abgetropft und gewürfelt
6 Frühlingszwiebeln, fein gehackt
2 EL Zucker
1 EL Salz
1 TL Fischsauce
2 EL Sesamöl
2 EL gemahlener schwarzer Pfeffer

4 Eier, getrennt
16 Reisteigplatten (22 cm Durchmesser)
500 ml Pflanzenöl
klassischer Fischsaucendip (siehe Seite 28), zum Servieren

In einer Schüssel die Glasnudeln 20 Minuten in kurz aufgekochtem Wasser einweichen. Abgießen, gut abtropfen lassen, mit Küchenpapier trocken tupfen und in etwa 5 cm lange Stücke schneiden. Die Mu-Err-Pilze ebenso einweichen und in kleine Stücke schneiden.

In einer großen Schüssel Nudeln und Pilze mit den anderen Zutaten für die Füllung und dem Eiweiß sorgfältig vermengen.

Jetzt geht's ans Rollen. Eine Schüssel mit lauwarmem Wasser zum Befeuchten des Reispapiers bereitstellen, dazu ein ausreichend großes Brett zum Rollen des Papiers.

Je 1 Reisteigplatte nur ganz kurz in das Wasser tauchen, auf dem Brett ausbreiten und vor dem Rollen etwa 1 Minute liegen lassen, bis sie fast wieder trocken ist. Am besten immer an 3 Rollen gleichzeitig arbeiten. Bis man die Füllung auf die dritte Platte aufgetragen hat, ist die erste bereit zum Rollen.

Die Füllung mittig in einer vertikalen Linie auf die Reisteigplatte auftragen. Die seitlichen Ränder nach innen einschlagen, dann den unteren Rand des Papiers über die Füllung falten, mit den Fingerspitzen fest an die Füllung schmiegen und dann Stück für Stück aufrollen, behutsam, aber fest und stetig, damit nichts von der Füllung austritt. Die Nähte zum Versiegeln mit etwas Eigelb bestreichen. So Platte für Platte füllen und rollen, bis sämtliche Zutaten verbraucht sind; es ergeben sich 16 Frühlingsrollen.

In einer Fritteuse oder einer großen Pfanne das Öl auf 160 °C erhitzen. Zur Kontrolle ein Holzstäbchen hineintauchen. Bilden sich erste Bläschen, ist das Öl heiß genug.

Die Frühlingsrollen darin 5–6 Minuten frittieren, bis sie goldgelb und fest sind, wenn man sie mit einer Küchenzange greift. Herausnehmen und auf Küchenpapier entfetten.

Dazu den klassischen Fischsaucendip (siehe Seite 28) oder andere Saucen nach Wahl aus dem ersten Kapitel servieren.

Frühlingsrollen mit Tofu-Gemüse-Füllung

Chả Giò Chay Tàu Hũ

Die Mungbohnen geben dieser Füllung nicht nur ein mild-süßliches Aroma, sie »kleben« hier auch die Zutaten zusammen.

Ergibt etwa 30 Rollen

Für die Füllung

200 g getrocknete Mungbohnen, 30 Minuten in kaltem Wasser eingeweicht und abgespült
2 EL Sesamöl
1 EL Salz
2 EL Sojasauce
3 EL Zucker
1 EL flüssiger Honig
2 EL zerstoßene schwarze Pfefferkörner
2 EL fein gehackter Knoblauch
100 g getrocknete Glasnudeln, 30 Minuten in lauwarmem Wasser eingeweicht, abgetrocknet und in 4 cm lange Stücke geschnitten
100 g Wasserkastanien (Dose), gewürfelt und in einem Tuch sorgfältig ausgedrückt
100 g getrocknete Mu-Err-Pilze, 30 Minuten in warmem Wasser eingeweicht, abgetrocknet und in Streifen geschnitten
300 g Weißkohl, in Streifen geschnitten
200 g Karotten, in Streifen geschnitten
100 g Frühlingszwiebeln, nur das Weiße, gewürfelt
400 g frittierter Tofu (siehe Seite 25), fein gehackt

30 Reisteigplatten (22 cm Durchmesser)
2 l Pflanzenöl
veganer Sojadip (siehe Seite 30), zum Servieren
Eigelb

Für die Mungbohnen in einem Topf 1 l Wasser bei hoher Temperatur zum Kochen bringen. Die Mungbohnen darin zugedeckt bei mittlerer Temperatur 20–25 Minuten garen. Die Temperatur herunterregeln, die Bohnen unbedeckt noch 5 Minuten weitergaren. Gelegentlich umrühren, damit die Bohnen gleichmäßig garen. Dann probieren – sie sollten von weicher, pastöser Konsistenz sein –, abgießen und in eine große Schüssel füllen.

Die restlichen Zutaten für die Füllung hinzufügen und alles mit den Händen gleichmäßig vermengen.

Jetzt geht's ans Rollen. Eine Schüssel mit lauwarmem Wasser zum Befeuchten des Reispapiers bereitstellen, dazu ein ausreichend großes Brett zum Rollen des Papiers.

Je 1 Reisteigplatte nur ganz kurz in das Wasser tauchen, auf dem Brett ausbreiten und vor dem Rollen etwa 1 Minute liegen lassen, bis sie fast wieder trocken ist. Am besten immer an 3 Rollen gleichzeitig arbeiten. Bis man die Füllung auf die dritte Platte aufgetragen hat, ist die erste bereit zum Rollen.

Die Füllung mittig in einer vertikalen Linie auf die Reisteigplatte auftragen. Die seitlichen Ränder nach innen einschlagen, dann den unteren Rand des Papiers über die Füllung falten, mit den Fingerspitzen fest an die Füllung schmiegen und dann Stück für Stück aufrollen, behutsam, aber fest und stetig, damit nichts von der Füllung austritt. Die Nähte zum Versiegeln mit etwas Eigelb bestreichen. So Platte für Platte füllen und rollen, bis sämtliche Zutaten verbraucht sind; es ergeben sich 30 Frühlingsrollen.

Das Öl in einer großen Pfanne auf 160 °C erhitzen. Zur Kontrolle ein Holzstäbchen hineinhalten. Bilden sich erste Bläschen, ist das Öl heiß genug. Vorsichtig eine »Proberolle« zum Testen der Temperatur und Garzeit in das Öl gleiten lassen. Die erste gelingt nie so gut, darum opfert man für diesen Zweck ein nicht ganz so perfektes Exemplar. Die Rolle 5–6 Minuten frittieren, bis sie goldbraun, knusprig und durchgegart ist. Je nach Größe der Pfanne die Frühlingsrollen portionsweise backen, damit es kein Gedränge gibt.

Diese Frühlingsrollen machen sich hervorragend als Vorspeise oder auf kleinen Tellern zu einem veganen Sojadip. Im Rahmen einer Hauptmahlzeit kann man sie auch in Schalen auf Reis-Vermicelli mit ein paar frischen Kräutern servieren.

Sommerrollen mit Räucherlachs, Mango und Veilchen

Gỏi Cuốn Cá Hồi, Xoài Và Hoa Viola

Dies ist meine Auslegung der klassischen Sommerrollen »gỏi cuốn« (ein traditionelles Rezept auf Seite 127). Ich habe sie mir als Beitrag für meinen Supperclub ausgedacht und bin immer ganz stolz, wenn ich auf Instagram aus jedem Winkel dieser Erde Variationen zu diesem Thema zu sehen bekomme. Bei diesem Gericht möchte ich Sie ermutigen, Ihrer Fantasie freien Lauf zu lassen und sich eigene Varianten auszudenken. Wie wäre es zum Beispiel mit Sashimi-Thunfisch und dünnen Scheibchen Erdbeeren oder mit Carpaccio und Kiwi? Seien Sie kühn und kreativ, dann taggen Sie mich auf Instagram. Ich würde Ihre Ergebnisse liebend gern sehen!

Ergibt 6 Rollen

- 6 Reisteigplatten (22 cm Durchmesser)
- 30 Veilchenblüten
- 120 g Räucherlachs
- 1 Mango, möglichst unreif, in feine Streifen geschnitten
- 1 Salatgurke, in feine Streifen geschnitten
- 1 große Karotte, in feine Streifen geschnitten
- 1 rote Paprikaschote, in feine Streifen geschnitten
- 12 große Minzeblätter
- 12 Korianderzweige
- 6 Shisoblätter

Eine Schüssel mit lauwarmem Wasser zum Befeuchten des Reispapiers bereitstellen, dazu ein Brett, das ausreichend Platz zum Rollen bietet.

Je 1 Reisteigplatte nur ganz kurz in das Wasser tauchen, auf dem Brett ausbreiten und vor dem Rollen etwa 1 Minute liegen lassen, bis sie fast wieder trocken ist. Am besten immer an 3 Rollen gleichzeitig arbeiten. Bis man die Füllung auf die dritte Platte aufgetragen hat, ist die erste bereit zum Rollen.

Zuerst jeweils 5 Veilchenblüten mit dem Gesicht nach unten mittig in einer vertikalen Linie auf die Reisteigplatten legen; an den Rändern jeweils 5 cm Platz lassen. Nun pro Platte etwa 20 g dünn geschnittenen Räucherlachs auf den Blüten perfekt arrangieren.

Als Nächstes jeweils ein Sechstel der Mango, der Gurke, der Karotte und der Paprika sowie der Kräuter auf dem Lachs verteilen. Da Sommerrollen Einblick in ihr Innenleben gewähren, gebe ich mir immer Mühe, die Zutaten ganz ordentlich anzuordnen.

Nun die seitlichen Ränder nach innen einschlagen und den unteren Rand des Reisteigblatts über die Füllung falten. Mit den Fingerspitzen fest andrücken und vorsichtig aufrollen. Behutsam, aber mit leichtem Druck und stetigen Bewegungen vorgehen, sodass nichts von der Füllung austritt und die Rolle am Ende kompakt und fest ist.

So insgesamt 6 Sommerrollen füllen und rollen. Am besten serviert man sie sofort, alternativ in einer Frischhaltebox 2–3 Stunden aufbewahren, so trocknen sie nicht aus.

Traditionell werden diese Sommerrollen mit einem klassischen Fischsaucendip (siehe Seite 28) serviert oder mit Hoisin-Erdnuss-Sauce (siehe Seite 31). Ich esse sie am liebsten mit einer vietnamesischen Chili-Mayo (siehe Seite 193).

Sommerrollen mit Garnelen und Schweinefleisch

Gỏi Cuốn Tôm Thịt Heo

Dieser berühmte und ebenso köstliche wie gesunde Straßensnack stammt ursprünglich aus Saigon. Über die Jahre haben jedoch viele Regionen ihre eigenen Versionen entwickelt. Einer der vielen Vorteile an diesem Gericht: Sie bestimmen das »Design« Ihrer Sommerrollen, seien Sie also kreativ.

Ergibt 8 Rollen

Für die Füllung
1 TL Salz
250 g ausgelöste Schweinelende
250 g rohe Riesengarnelen
100 g getrocknete Reis-Vermicelli
½ Kopfsalat, gewaschen und abgetropft
2 Karotten, in feine Scheiben geschnitten
100 g Koriandergrün, gewaschen und gründlich abgetropft
100 Minze, gewaschen und gründlich abgetropft
100 g Thai-Basilikum, gewaschen und gründlich abgetropft
100 g Schnittknoblauch

6–8 Reisteigplatten (22 cm Durchmesser)
klassischer Fischsaucendip (siehe Seite 28), zum Servieren

In einem Topf reichlich Wasser zum Kochen bringen, ½ TL Salz hineinstreuen. Die Schweinelende darin 15 Minuten garen. Abgießen, das Fleisch 2–3 Minuten in Eiswasser abschrecken und abgießen. Mit Küchenpapier trocken tupfen und in ganz dünne Scheiben schneiden.

Den Topf ausspülen, mit frischem Wasser füllen und wiederum ½ TL Salz hineinstreuen. Das Wasser zum Kochen bringen und die Garnelen darin 2 Minuten blanchieren. Abgießen und 2–3 Minuten in Eiswasser abschrecken. Anschließend schälen und der Länge nach halbieren.

Die Nudeln in kochendem Wasser nach Packungsanleitung garen. Abgießen, kalt abschrecken und abtropfen lassen.

Jetzt geht's ans Rollen … Eine Schüssel mit lauwarmem Wasser zum Befeuchten der Reisteigblätter bereitstellen, dazu ein Brett, das ausreichend Platz zum Rollen bietet.

Je 1 Reisteigplatte nur ganz kurz in das Wasser tauchen, auf dem Brett ausbreiten und vor dem Rollen etwa 1 Minute liegen lassen, bis sie fast wieder trocken ist. Am besten immer an 3 Rollen gleichzeitig arbeiten. Bis man die Füllung auf die dritte Platte aufgetragen hat, ist die erste bereit zum Rollen.

Die Zutaten für die Füllung, außer dem Schnittknoblauch, mittig in einer vertikalen Linie auf die Reisteigplatten legen. Die seitlichen Ränder nach innen schlagen und dann den unteren Rand über die Füllung falten. Jeweils 1 Halm Schnittknoblauch so einlegen, dass er an einem Ende etwa 2,5 cm aus der Rolle herausragt. Die Reisteigplatten mit den Fingerspitzen fest andrücken und langsam aufrollen. Behutsam, aber mit leichtem Druck und stetig rollen, sodass nichts von der Füllung austritt und die Rolle am Ende kompakt und fest ist.

So insgesamt 8 Sommerrollen füllen und rollen. Am besten serviert man sie sofort, alternativ in einer Frischhaltebox 2–3 Stunden aufbewahren, so trocknen sie nicht aus.

Die Sommerrollen mit Fischsauce zum Dippen servieren.

Knusprige Pfannkuchen gefüllt mit Schweinefleisch und Garnelen

Bánh Xèo Miền Nam

Dies ist ein nationaler Streetfood-Favorit! Die Märkte Vietnams quellen über mit den verlockenden Klängen und leuchtenden Farben der Pfannkuchenstände. Oft stand ich voller Bewunderung daneben, wenn sie kunstgerecht auf kleinen Gasbrennern in der Pfanne gebacken wurden, während mir in Erwartung des ersten Bissens schon das Wasser im Munde zusammenlief.

Dies ist eines der Gerichte, deren Ausprägung regional sehr variiert. Diese Version stammt aus dem Süden des Landes: große, dünne, knusprige Fladen, serviert mit massenweise frischen Kräutern. Es ist das Lieblingsessen meines Großvaters; er ist nach wie vor Meister im Rollen des größten Pfannkuchen-Salat-Wraps.

Ergibt 12 Pfannkuchen

Für die Füllung
400 g Schweinebauch
1 TL Salz
400 g rohe Garnelen, ohne Kopf
2 Chayoten (nach Belieben), in dünne Scheiben geschnitten
50 g Bohnensprossen
2 Karotten, in feine Streifen geschnitten

225 g Reismehl
60 g Maisstärke
8 g Tempuramehl (Fertigmischung)
200 ml Kokosmilch
1 große Prise Salz
3 TL Zucker
1 TL gemahlene Kurkuma
750 ml lauwarmes Wasser
6 Frühlingszwiebeln, fein gehackt
4 EL Pflanzenöl

Zum Servieren
20 g Minzeblätter
20 g Vietnamesischer Koriander *(rau răm)*
20 g Thai-Basilikum
20 g Koriandergrün
20 g Shisoblätter
3 Romanasalatherzen, Blätter abgetrennt
300 ml klassischer Fischsaucendip (siehe Seite 28)

Für den Schweinebauch in einem Topf reichlich Wasser bei hoher Temperatur zum Kochen bringen. Den Schweinebauch sowie ½ TL Salz hineingeben, die Temperatur etwas herunterregeln und das Fleisch 15 Minuten garen. Abgießen, in Eiswasser kalt abschrecken und in dünne Scheiben schneiden.

Den Topf ausspülen, mit frischem Wasser füllen und dieses bei hoher Temperatur zum Kochen bringen. Die Garnelen sowie ½ TL Salz hineingeben, die Garnelen bei geringer Temperatur 4 Minuten garen. Anschließend abgießen und in Eiswasser abschrecken. Die Garnelen schälen und entdarmen.

Nun zu den Pfannkuchen. In einer Schüssel das Reismehl, die Stärke und das Tempuramehl mit der Kokosmilch, Salz, Zucker und der Kurkuma sowie dem Wasser zu einem glatten Teig verrühren. Die gehackten Frühlingszwiebeln unterrühren und die Masse 1 Stunde in den Kühlschrank stellen.

In einer kleinen beschichteten Pfanne 1 TL Öl bei hoher Temperatur erhitzen.

Einige Scheibchen Schweinebauch und ein paar Garnelen in die Pfanne geben und nur so viel Pfannkuchenteig hineinschöpfen, dass der Boden dünn bedeckt ist. Eine kleine Handvoll der Gemüsezutaten darüber verteilen, den Deckel auflegen und den Fladen bei geringer Temperatur 2½ Minuten garen.

Den Deckel abnehmen und den Pfannkuchen bei geringer Temperatur weitere 3½ Minuten backen, bis er die typische goldgelbe Farbe angenommen hat. Mit einem Pfannenwender in der Mitte zusammenklappen, sodass ein Halbmond entsteht. Jetzt ist der Pfannkuchen servierfertig. Alle restlichen Zutaten ebenso zu Pfannkuchen verbacken.

Eine Servierplatte mit den Kräutern, den Salatblättern und der Sauce bereitstellen; nun kann das Rollen beginnen. Am besten wickelt man die Pfannkuchen um möglichst viele frische Kräuter und Salat, tunkt dann damit so viel Sauce auf wie möglich … so machen wir es zumindest bei uns zu Hause.

Mini-Pfannkuchen mit Garnelen

Bánh Khọt

Eine Spezialität aus der Straßenküche der Region Đà Nẵng im Zentrum des Landes, fast zu niedlich, um sie zu essen. Fast.

Für die kleinen Küchlein benötigen Sie eine spezielle Pfanne. Keine Sorge, Sie brauchen dafür nicht nach Vietnam aufzubrechen, Sie können sie ganz bequem auf dem Sofa im Internet bestellen. Im Restaurant verwende ich eine Pfanne für dänische Apfelküchlein (Æbleskiver), eine Pförtchenpfanne mit kugelrunden Vertiefungen. Dann benötigt man noch einen Deckel. Falls die Pfanne keinen hat, kann man auch zu einer kleinen Bratpfanne greifen, die umgedreht aufgelegt noch genügend Platz für den Belag der kleinen Küchlein lässt – funktioniert bestens.

Ergibt 28 Mini-Pfannkuchen

Für den Teig
225 g Reismehl
120 g Maisstärke
200 ml Kokosmilch
½ TL Salz
3 TL Zucker
1 TL gemahlene Kurkuma
750 ml lauwarmes Wasser
6 Frühlingszwiebeln, fein gehackt

120 ml Pflanzenöl, zum Braten
300 g rohe Riesengarnelen, geschält und entdarmt

Zum Servieren
20 g Minzeblätter
20 g Vietnamesischer Koriander *(rau răm)*
20 g Thai-Basilikum
20 g Koriandergrün
20 g Shisoblätter
3 Romanasalatherzen, Blätter abgetrennt
300 ml klassischer Fischsaucendip (siehe Seite 28)
Karotten-Daikon-Pickle (siehe Seite 23; nach Belieben)

Für den Teig in einer Schüssel sämtliche Zutaten sorgfältig verrühren und mindestens 1 Stunde in den Kühlschrank stellen, damit er quellen kann. Wieder herausnehmen und noch einmal durchrühren, bis er ganz glatt und homogen ist.

In jede Vertiefung der Pförtchenpfanne (siehe Einleitung) 1 TL Öl geben und bei mittlerer Temperatur erhitzen. Jeweils 1 EL Teig hineinschöpfen und 2 Minuten vor sich hin brutzeln lassen.

Nun 1 Garnele behutsam aufrecht in die Mitte eines Küchleins stecken und 10 Sekunden festhalten, bis sie im Teig eingebacken ist und von allein stehen bleibt. So sämtliche Küchlein mit Garnelen bestücken, dann noch 1 weitere Minute garen. Den Deckel auflegen (oder eine kleine Pfanne darüberstülpen) und alles weitere 3 Minuten garen.

Den Deckel wieder abnehmen und die Mini-Pfannkuchen weitere 1–2 Minuten backen. Wenn sich ein knuspriger Rand gebildet hat, die Pfannkuchen sanft bewegen. Geht das mühelos, sind sie fertig. Die Pfanne vom Herd nehmen und die Pfannkuchen mit einem Palettmesser vorsichtig herauslösen.

Wie bei der großen Schwester »bánh xèo« serviert man auch »bánh khọt« am besten als eine Art Wrap mit haufenweise frischen Kräutern und Salat. Und natürlich mit dem obligatorischen klassischen Fischsaucendip. Dazu, wer mag, ein Karotten-Daikon-Pickle.

Den größten Genuss versprechen diese Küchlein, wenn man nicht mitzählt, wie viele man schon verdrückt hat. Sie sind viel zu lecker, um sich über solche Dinge Gedanken zu machen.

Rindfleischspieße in Betelblättern

Thịt Bò Nướng Lá Lốt

Die glänzenden Betelblätter sind herzförmig und sehen trügerisch unscheinbar aus. Liegen sie aber erst einmal auf dem Grill, erfüllen sie die Luft mit einem wunderbaren Duft und appetitlichem Zischen, man muss unweigerlich lächeln. Diese kleinen Päckchen bergen eine geballte Ladung Geschmack und munden umwerfend gut nach einem kurzen Bad in einem klassischen Fischsaucendip.

Für 6–8 Personen

Für die Füllung
- 500 g Rinderhackfleisch
- 6 Frühlingszwiebeln, nur das Weiße
- 3 Stängel Zitronengras, fein gehackt
- 4 Knoblauchzehen, fein gehackt
- 1 EL zerstoßener schwarzer Pfeffer
- 2 rote Chilischoten, fein gehackt
- 1 TL Sojasauce
- 2 TL Fischsauce
- 1 EL Zucker

- 32 mittelgroße Betelblätter (4 Blätter pro Person), gewaschen und auf einem Tuch abgetrocknet
- 1 rote Zwiebel, in schmale Spalten geschnitten, halbiert
- 8 Bambusspieße

Zum Servieren
- 1 EL knusprige Röstschalotten (siehe Seite 25)
- 1 EL geröstete Erdnüsse (siehe Seite 26), zerstoßen
- klassischer Fischsaucendip (siehe Seite 28)

Für die Füllung in einer Schüssel das Rinderhackfleisch mit den restlichen Zutaten sorgfältig vermengen. Abgedeckt 30 Minuten im Kühlschrank durchziehen lassen.

Jetzt geht's ans Rollen … Ein Betelblatt mit der glänzenden Seite nach unten so auf ein Brett legen, dass der Stiel zu Ihnen zeigt (2 Blätter nebeneinanderlegen, wenn sie klein sind). Ungefähr 1 EL der Füllung knapp oberhalb des Stiels auf das Blatt setzen. Eine halbe Zwiebelspalte darauf platzieren, fest in die Masse drücken und das Blatt am Stiel beginnend aufrollen.

Das gefüllte Blatt mit der Naht nach unten auf das Brett legen, damit es die Form bewahrt, dann 3 weitere Blätter füllen, wieder wickeln. Nun sämtliche 4 Pakete auf einen Spieß stecken, darauf achten, dass die Blattspitzen aneinanderliegen, damit sie sich beim Garen nicht öffnen, besonders bei dem letzten Paket.

Die restlichen Portionen ebenso vorbereiten.

Die Spieße in einer geriffelten Grillpfanne, auf einem Elektrogrill oder auf dem Holzkohlegrill grillen – von jeder Seite 2 Minuten, insgesamt aber nicht länger als 5 Minuten, wenn die gefüllten Blätter recht groß sind.

Die Spieße auf Tellern anrichten und mit den Röstschalotten und Erdnüssen garnieren. Dazu werden traditionell Reisnudeln, klassischer Fischsaucendip und eine Auswahl frischer Kräuter gereicht.

Selbst gemachte Reisrollen mit Schweinefleisch und Pilzen

Bánh Cuốn

Diese zarten Reisrollen werden mit fein gewürztem Schweinefleisch gefüllt und mit einer Auswahl an köstlichen Toppings serviert, die in Geschmack und Farben, in Temperaturen und Texturen mit jedem Bissen einen überraschenden Kontrast bieten.

Für 8–10 Personen

Für den Teig
1 TL Pflanzenöl
je 250 g Reismehl und Tapiokastärke
Pflanzenöl

Für die Toppings
Pflanzenöl, zum Braten
10 Eier
10 chinesische Würste, in Streifen
400 g *chả lụa* (vietnamesische Fleischwurst), in dünnen Streifen

Für die Füllung
500 g Schweinehackfleisch
2 Karotten, fein gewürfelt
1 Yambohne, fein gewürfelt
100 g getrocknete Mu-Err-Pilze, 30 Minuten lauwarm eingeweicht, abgetropft und fein gewürfelt
1 TL Salz
3 TL Zucker
je 1 TL Fischsauce und Sojasauce
2 EL Sesamöl
1 Zwiebel, fein gewürfelt
1 EL fein gewürfelte rote Thai-Schalotte
1 EL fein gewürfelter Knoblauch

Zum Servieren
3 Salatgurken, in feine Streifen geschnitten
500 g Bohnensprossen, in kochendem Wasser 2 Minuten blanchiert
je 300 g Minze, Thai-Basilikum und Koriandergrün, fein gehackt
klassischer Fischsaucendip (siehe Seite 28)
knusprige Röstschalotten (siehe Seite 25)
2 Frühlingszwiebeln, nur das Grün, in feine Ringe geschnitten

Für den Teig in einer Schüssel sämtliche Zutaten mit 1 l Wasser 1–2 Minuten glatt verrühren; die Mischung sollte die Konsistenz von Milch haben. Mindestens 1 Stunde ruhen lassen.

Für die Toppings eine Pfanne leicht einölen und bei mittlerer Temperatur erhitzen. In einer großen Schüssel die Eier verschlagen. Nur so viel Ei in die Pfanne schöpfen, dass der Boden dünn bedeckt ist. Gleichmäßig verlaufen lassen und 1 Minute backen. Aus der Pfanne nehmen und auf ein Brett legen. Den Eierkuchen, sobald er etwas abgekühlt ist, aufrollen und in ganz dünne Streifen schneiden. Aus dem restlichen Ei weitere Eierkuchen backen.

Eine Pfanne bei geringer bis mittlerer Temperatur erhitzen. Die chinesische Wurst darin 30–40 Sekunden braten, bis sie leicht knusprig wird, dann aus der Pfanne nehmen. Wer möchte, kann auch die *chả lụa* kurz anbraten.

Für die Füllung in einer großen Schüssel sämtliche Zutaten sorgfältig vermengen und verkneten. Das Schweinehackfleisch sollte möglichst fein zerkleinert und verteilt werden, also gründlich arbeiten. In einer Pfanne 2 EL Pflanzenöl bei mittlerer Temperatur auf 160 °C erhitzen. Zur Kontrolle ein Holzstäbchen hineinhalten. Bilden sich erste Bläschen, ist es heiß genug. Schalotten und Knoblauch darin unter Rühren 2 Minuten goldbraun anbraten. Die Hackmasse hinzufügen und alles weitere 4 Minuten pfannenrühren, bis das Fleisch durchgegart ist. Die Pfanne vom Herd nehmen und beiseitestellen.

Ein großes Brett mit Alufolie auslegen und mit 1 EL Pflanzenöl einfetten. Den Boden einer Pfanne leicht einölen, die Pfanne bei mittlerer Temperatur erhitzen. Eine kleine Kelle Teig darin durch Neigen der Pfanne gleichmäßig zerlaufen lassen. Die Schicht sollte nur wenige Millimeter dünn sein. Deckel auflegen und den Pfannkuchen bei mittlerer Temperatur 45 Sekunden glasig garen. Vorsichtig auf das vorbereitete Brett gleiten lassen und den nächsten Pfannkuchen backen.

Während der zweite Pfannkuchen gart, auf den ersten 1 großzügigen EL der Füllung knapp unterhalb der horizontalen Mitte in einer vertikalen Linie auftragen. Die beiden seitlichen Ränder einschlagen, dann den unteren Rand über die Füllung falten und behutsam aufrollen. Im Grunde ist es dieselbe Technik, die man bei Frühlings- oder Sommerrollen anwendet, nur muss man etwas sanfter vorgehen, da die Rollen recht empfindlich sind. Die fertigen Rollen auf einen Teller legen und weitere Pfannkuchen backen und füllen.

Zum Servieren die Rollen mit einer Küchenschere in je 4 Stücke schneiden und auf Tellern anrichten, dabei zu je zwei Schichten übereinanderstapeln. Je 1 Portion Omelettstreifen, chinesische Wurst und *chả lụa* über die Rollen streuen. Mit den Gurken, den Bohnensprossen, je 1 Handvoll frischen Kräutern, den Röstschalotten, Zwiebelgrün und reichlich Fischsauce zum Dippen servieren.

Kleinig-keiten

Kleinigkeiten

Gleich vorweg: Ein vietnamesisches Essen ist nicht klein! Typischerweise ist es eine Auswahl verschiedener Gerichte, die gemeinsam geteilt werden und dazu anregen, über das Essen miteinander zu interagieren. Ich erinnere mich noch, wie meine Geschwister und ich darum wetteiferten, wer die größte Frühlingsrolle rollt, in die wir so viele Zutaten wie möglich hineinstopften. Doch neben den reichhaltigen geselligen Mahlzeiten im Kreis der Familie haben auch kleine Tellerchen mit Speisen in Häppchengröße, »nhậu« genannt, eine lange Tradition. Wörtlich übersetzt bedeutet »nhậu« zusammen. Es sind kleine, mit Freunden gemeinschaftlich geteilte Genüsse, eine Art vietnamesische Tapas, die meist ausschließlich von Männern in geselliger Runde zum Drink gegessen werden.

»Nhậu«-Gerichte gelten gemeinhin als nicht so geeignet für das Abendessen oder für Kinder, darum sind sie ausschließlich diesen Männerrunden vorbehalten. Sie haben eher den Status, ein bisschen ausgefallen und experimentell zu sein, und sollen vor allem gut zu dem Getränk passen, das die »nhậu«-Runden begleitet - Bier! Oft sind diese Gerichte recht intensiv im Geschmack, salzige und pikante Aromen dominieren. Gern wird zu eher ungewöhnlichen Fleisch- und Fischsorten gegriffen, darunter Frösche, Aale, fermentiertes Schweinefleisch und angebrütete Enteneier, oder zu kostspieligeren Zutaten wie Filetsteak, Wildschwein, Wachteln, Carpaccio oder Hirschwild.

Normalerweise ist »nhậu« ein männlicher Zeitvertreib, da Frauen in Vietnam traditionell keinen Alkohol trinken. Zwar habe ich großen Respekt vor der Tradition, doch bin ich der Überzeugung, dass auch Frauen sich weiterentwickeln dürfen.

Vietnamesisches Essen ist für alle da, überall, das ist die Botschaft, die ich in diesem Buch vermitteln möchte. Es ist eine wunderbare Küche, voller herrlicher Aromen und Genüsse, und ich hoffe, dass sie eines Tages jeder so liebt wie ich.

Wenn Frauen diese Gerichte üblicherweise auch nicht essen, so werden sie in der Regel doch von ihnen zubereitet. Für meine Begriffe sind Köche, ob Profis oder Amateure, immer dann am besten, wenn sie ihre Speisen auch selbst genießen dürfen und die Möglichkeit haben, zu experimentieren und mit Rezepten regelrecht zu »spielen«. In meinen Augen hat erst die Kreation dieser originellen »nhậu«, das Experimentieren mit Aromen und Texturen, die sich völlig von den gewohnten Familienmahlzeiten unterschieden, Vietnams Frauen zu richtigen Köchinnen gemacht. Sie, die diese Gerichte erfunden und entwickelt haben, sind wirklich zu bewundern und ihre Kreationen inspirieren mich jeden Tag. Es sind Gerichte, die die vietnamesische Küche zu etwas wirklich Bahnbrechendem machen und das Beste präsentieren, was sie zu bieten hat.

In diesem Kapitel zeige ich Ihnen, wie man einige dieser kleinen Teller zubereitet, die für jeden machbar und dennoch ziemlich schmackhaft sind. Nichtsdestotrotz sind sie jeder »nhậu«-Tafel würdig und werden so landauf, landab auch regelmäßig genossen … Das angebrütete Entenei sparen wir uns vielleicht für ein anderes Buch auf!

Salz-und-Pfeffer-Garnelen

Tôm Rang Muối Tiêu

Diese raffiniert gewürzten Riesengarnelen sind in nur 20 Minuten fertig, ein wunderbar leichter und schmackhafter Snack.

Für 2–3 Personen als Teil einer größeren Auswahl

500 ml Pflanzenöl
6 rohe Riesengarnelen, geschält (Köpfe und Schwanz dranlassen) und entdarmt
Maisstärke zum Bestäuben
2 TL Salz
2 TL Zucker
2 TL zerstoßene schwarze Pfefferkörner
4 EL Sesamöl
1 EL fein gehackter Knoblauch
1 EL fein gehackte rote Chilischote
6 Frühlingszwiebeln, in 5 cm lange Stücke geschnitten
8 rote Thai-Schalotten, in dünne Streifen geschnitten
2 Stängel Zitronengras, zerdrückt und in 4 cm lange Stücke geschnitten
20 g frischer Ingwer, geschält und in feine Streifen geschnitten

Zum Servieren
Limettenspalten zum Ausdrücken

In einer Fritteuse oder einer großen Pfanne das Pflanzenöl bei mittlerer Temperatur auf 160 °C erhitzen. Zur Kontrolle ein Holzstäbchen hineinhalten. Bilden sich erste Bläschen, ist das Öl heiß genug.

Die Garnelen dünn mit Maisstärke bestäuben, vorsichtig in das heiße Öl gleiten lassen und darin 3 Minuten goldgelb frittieren. Mit einer Schaumkelle herausheben und auf Küchenpapier entfetten.

In einer kleinen Schüssel Salz, Zucker und den zerstoßenen Pfeffer vermengen, beiseitestellen.

Eine Pfanne bei mittlerer Temperatur erhitzen, das Sesamöl hineingeben. Den Knoblauch, die Chilischote, die Frühlingszwiebeln, die Schalotten, das Zitronengras und den Ingwer gleichmäßig in der Pfanne verteilen. Anschließend die Garnelen darauflegen.

Den Salz-Zucker-Pfeffer-Mix gleichmäßig über die Garnelen streuen und alles durchschwenken, sodass sie rundherum mit den Gewürzen bedeckt sind.

Die Garnelen und das Gemüse auf einem Teller anrichten, mit 1 Spritzer Limettensaft abrunden und servieren.

Gegrillte Riesengarnelen in Honig

Tôm Nướng Mật Ong

Glücklicherweise bekomme ich Black-Tiger-Garnelen in Top-Qualität. Wer sie nicht findet, nimmt einfach, was der Handel an Alternativen anbietet. Alle in dieser köstlichen Marinade eingelegten Garnelen schmecken bestens mit einem Reis- oder Salatgericht, auf einer leckeren Schale Nudeln oder schlicht in Gesellschaft anderer Gerichte im Stile eines vietnamesischen Familienessens. Wie auch immer diese süßsaftigen Garnelen auf Ihren Tisch kommen, sie sind ein absoluter Hochgenuss.

Für 2 Personen

Für die Marinade
4 Knoblauchzehen, fein gewürfelt
1 TL Sojasauce
1 TL Fischsauce
3 TL Honig
Saft von ½ Limette
2 EL Sesamöl

2 (à 350 g) rohe Black-Tiger-Garnelen, mit Kopf

Für die Marinade in einer flachen Schale sämtliche Zutaten sorgfältig verrühren.

Die Garnelen durch den Panzer der Länge nach über den Rücken einschneiden und die Därme entfernen. Die Garnelen sorgfältig mit der Marinade einreiben, auch den langen Einschnitt auf dem Rücken berücksichtigen.

In den Kühlschrank stellen und mindestens 30 Minuten marinieren, für ein perfektes Resultat empfehle ich 3 Stunden.

Den Backofen auf 180 °C vorheizen.

Die Garnelen auf einem Backblech im Ofen 12–15 Minuten garen, nach der Hälfte der Zeit umdrehen. Im gegarten Zustand sind sie leuchtend orangerot. Bei kleineren Garnelen verkürzt sich die Garzeit auf bis zu 5 Minuten, also ein Auge darauf haben.

Sobald die Garnelen aus dem Ofen kommen, sind sie servierfertig! Ich beträufle sie gern mit Chili-Zitronengras-Marinade (siehe Seite 21), ein erfrischender Extrakick, von dem ich nicht genug kriegen kann. Oder einfach einen Fischsaucen-Chili-Dip dazu servieren.

Miesmuscheln mit Chili, Ingwer und Zitronengras

Chẽm Chép Xào Sả Ớt Và Gừng

Ein unkompliziertes und dennoch elegantes Gericht, das schlicht auf mildes Chilifeuer, Ingwer und Zitronengras setzt, um den Gaumen zu erfreuen. Eine leichte Hauptmahlzeit und ein idealer Schmaus zum Teilen.

Für 4 Personen

1 kg Miesmuscheln
3 EL Pflanzenöl
20 g Knoblauch, geschält und fein gewürfelt
4 Stängel Zitronengras, in feine Ringe geschnitten
20 g frischer Ingwer, in feine Streifen geschnitten
2 EL Fischsauce
2 EL Reiswein
2 TL Zucker
20 g rote Chilischote, in feine Streifen geschnitten
200 g rote Thai-Schalotten, in dünne Streifen geschnitten
200 ml Kokoswasser

Zum Servieren
Frühlingszwiebelöl (siehe Seite 22)
klassischer Fischsaucendip (siehe Seite 28)
Limettenspalten

Die Miesmuscheln in eiskaltem Wasser waschen und gründlich abbürsten. Die faserigen »Bärte« entfernen. In einer großen Schüssel die Muscheln mit kaltem Wasser bedecken und 1 Stunde stehen lassen. Das Wässern dient dazu, Schmutz und Sand auszuschwemmen. Zerbrochene Muscheln und solche, die sich auch auf festes Klopfen hin nicht schließen, entsorgen.

In einem Topf das Öl bei mittlerer Temperatur auf 160 °C erhitzen. Zur Kontrolle ein Holzstäbchen hineinhalten. Bilden sich erste Bläschen, ist es heiß genug. Den Knoblauch, das Zitronengras und den Ingwer darin 3 Minuten anbraten, bis sie leicht gebräunt sind. Die restlichen Zutaten hinzufügen – außer Frühlingszwiebelöl, Dip und Limettenspalten, einige Sekunden umrühren und dann die Miesmuscheln hineingeben. Den Deckel auflegen und alles bei mittlerer Temperatur 5 Minuten garen, bis sich die Muscheln geöffnet haben. Muscheln, die sich nicht öffnen, entsorgen.

Die Muscheln mit ein paar Tropfen Frühlingszwiebelöl abrunden und mit einer klassischen Fischsauce zum Dippen sowie mit Limettenspalten servieren. Schmeckt mit Salz-Pfeffer-Limetten-Dip (siehe Seite 27) auch hervorragend als Vorspeise oder Snack.

Venusmuscheln mit Zitronengras

Nghêu Xào Sả

Ich liebe die Schnörkellosigkeit erstklassig zubereiteter Meeresfrüchte; dieses Gericht gehört zu meinen Favoriten. Ingwer, Chili und Zitronengras anzuschwitzen geht ganz schnell und entfaltet doch große Wirkung. Die Venusmuscheln schmecken selbst schon fantastisch, aber das Beste ist für mich die Brühe, die trinke ich zum Abschluss!

Die Venusmuscheln unter kaltem Wasser abbrausen, gründlich abbürsten und dann in einer großen Schüssel 1 Stunde in kaltes Wasser, vermischt mit 1 EL Salz, legen. Das Wasser sollte die Muscheln gut bedecken. Das Wässern schwemmt weiteren Sand und Schmutz in den Muscheln aus. Zerbrochene Muscheln und solche, die sich auch auf festes Klopfen hin nicht schließen, entsorgen.

In einem Topf das Öl bei mittlerer Temperatur erhitzen. Knoblauch, rote Zwiebel, Chilischote, Zitronengras und Ingwer darin 2 Minuten anschwitzen. Die Venusmuscheln abgießen und in den Topf geben. Limettensaft, Fischsauce, Zucker und Reiswein hinzufügen, den Deckel auflegen und alles 2 Minuten garen. Kontrollieren, ob sich alle Muscheln geöffnet haben, anschließend den Herd ausschalten. Die Zitronengrasstücke entsorgen.

Die Venusmuscheln in einer großen Schüssel anrichten, mit dem Annatto-Öl beträufeln und nach Belieben mit Thai-Basilikum, Korianderblättern und Frühlingszwiebeln garnieren. Und nun genießen!

Für 2 Personen

1 kg Venusmuscheln
1 EL Salz
2 EL Pflanzenöl
2 EL fein gewürfelter Knoblauch
2 EL fein gewürfelte rote Zwiebel
2 EL fein gehackte rote Chilischote
4 Stängel Zitronengras, 1 Stängel fein gehackt, die anderen 3 halbiert und dann zerdrückt
200 g frischer Ingwer, in feine Streifen geschnitten
3 EL Limettensaft
1 EL Fischsauce
1 EL Zucker
200 ml Reiswein
1 TL Annatto-Öl (siehe Seite 22)

Zum Servieren (nach Belieben)

100 g Thai-Basilikumblätter
100 g Korianderblätter
5 Frühlingszwiebeln, fein gehackt

Gegrillter Tintenfisch mit Chili

Mực Nướng Muối Ớt

Dies ist eine feste Größe auf den vietnamesischen Nachtmärkten und ein Dauerbrenner bei den traditionellen »nhậu«-Runden. In mundgerechte Happen geschnitten der ideale Snack zu einem Drink in der anderen Hand!

Für 4 Personen als Teil einer größeren Auswahl

600–700 g ganze Kalmare oder küchenfertig gesäuberte Kalmarstücke
Salz-Pfeffer-Limetten-Dip (siehe Seite 27), zum Servieren

Für die Marinade
2 TL Annatto-Öl (siehe Seite 22)
1 EL fein gehackte rote Chilischote
1 EL Fischsauce
1 TL Salz

Zum Servieren
Salz-Pfeffer-Limetten-Dip (siehe Seite 27)

Zum Vorbereiten der ganzen Kalmare die Fangarme samt Innereien aus dem Körperbeutel herausziehen. Mit den Fingern den durchsichtigen Schulp im Körperbeutel ertasten, herausziehen und entsorgen – er sieht aus wie eine Plastikfeder.

Die Fangarme knapp unterhalb der Augen so abschneiden, dass sie an der Basis noch verbunden bleiben. Dort sitzt das harte Kauwerkzeug, dieses herausdrücken und entsorgen, ebenso wie den Kopf. Die dünne violette Membran vom Körperbeutel abziehen, sodass das reinweiße Fleisch zurückbleibt.

Die Flossen seitlich am Körperbeutel abschneiden (sie sind nicht nur essbar, sondern schmecken vorzüglich, also am besten den harten Rand abschneiden und das Fleisch für ein anderes Pfannengericht verwenden).

Nun die Tube von innen und außen gründlich waschen. Auch die Fangarme waschen. Auf diese Weise sämtliche Tintenfische vorbereiten, dann kann es losgehen.

Für die Marinade in einer kleinen Schüssel sämtliche Zutaten verrühren, die Marinade sorgfältig in die Tuben und Fangarme einreiben und das Tintenfischfleisch im Kühlschrank 3 Stunden marinieren.

Die Tintenfische aus der Marinade nehmen. Eine geriffelte Grillpfanne bei mittlerer Temperatur vorheizen. Tuben und Fangarme in der sehr heißen Pfanne 2 Minuten grillen. Wenden und weitere 2 Minuten garen. Am Ende sollte sich ein appetitliches goldbraun gestreiftes Grillmuster abzeichnen. Zum Abschluss die Tintenfische mit einem Pfannenwender ein paar Sekunden fest auf den Pfannenboden drücken. Den Tintenfisch mit dem Salz-Pfeffer-Limetten-Dip servieren. Einfach (und) köstlich!

Zitronengrasspieße mit Rind vom Grill

Thịt Bò Nướng Sả

Das Ganze mag zwar erst 20 Minuten im Ofen sein, aber wenn Sie so ticken wie ich, macht es Ihnen der Duft unmöglich, die Finger von diesen Spießen zu lassen. Zum Glück erfüllt er auch dann noch Ihre Küche, wenn der Hunger längst gestillt ist. So können Sie noch ein Weilchen länger schwelgen. Wenn ich für Familie und Freunde koche, ist dies eines meiner Vorzeigegerichte. Es macht wenig Arbeit und doch so viel her.

Ergibt 16 Spieße

500 g Rindfleisch aus der Oberschale, etwa 2,5 cm dick geschnitten
16 Stängel Zitronengras
geröstete Erdnüsse (siehe Seite 26)

Für die Marinade
2 EL fein gewürfelte rote Chilischote
2 EL fein gewürfelter Knoblauch
2 EL fein gewürfeltes Zitronengras
2 EL fein gewürfelte Frühlingszwiebeln (nur das Weiße)
2 EL Fischsauce
1 EL Sojasauce
1 Prise Salz
3 EL Zucker
4 EL Sesamöl

Für das Frühlingszwiebelöl
120 ml Pflanzenöl
1 TL Salz
6 Frühlingszwiebeln, in dünne Röllchen geschnitten

Für die Honigglasur
75 g flüssiger Honig
75 ml Annatto-Öl (siehe Seite 22)
3 EL Sojasauce

Das Fleisch etwa 30 Minuten in den Gefrierschrank legen, damit es leicht anfriert (so lässt es sich leichter schneiden). Herausnehmen und quer zur Faser in sehr dünne (so dünn wie möglich), lange (etwa 10 cm) Streifen schneiden.

In einer Schüssel die Rindfleischstreifen mit sämtlichen Zutaten für die Marinade vermengen. Beim Mischen möglichst behutsam vorgehen, die Fleischstreifen können leicht reißen, was sie für ein Gelingen hier aber auf keinen Fall tun sollten. Das Fleisch bedeckt im Kühlschrank möglichst über Nacht, mindestens aber 3 Stunden marinieren. Etwa 30–45 Minuten vor der Zubereitung aus dem Kühlschrank nehmen, damit es Zimmertemperatur annehmen kann.

Für das Frühlingszwiebelöl in einem Topf das Öl bei mittlerer Temperatur auf 160 °C erhitzen. Zur Kontrolle ein Holzstäbchen hineinhalten. Bilden sich erste Bläschen, ist es heiß genug. Das Salz und die Frühlingszwiebeln einrühren, den Topf sofort vom Herd nehmen und alles abkühlen lassen.

Für die Glasur in einer Schüssel sämtliche Zutaten sorgfältig vermengen, beiseitestellen.

Den Backofen auf 180 °C vorheizen.

Nun jeden der 16 Zitronengrasstängel mit 2–3 Fleischstreifen so umwickeln, dass sie sich leicht überlappen. Die Spieße sollten zu etwa zwei Dritteln mit Fleisch bedeckt sein. Das Überlappen ist ein Muss, weil so das Aroma der Marinade besser erhalten bleibt, außerdem geraten die Spieße deutlich fleischiger und saftiger im Biss. Die fertig gewickelten Spieße so auf ein mit Backpapier ausgelegtes Backblech legen, dass die Enden unten liegen.

Die Spieße rundherum mit der Honigglasur bestreichen und auf dem Blech im Ofen 10 Minuten braten. Die Spieße wenden, noch einmal glasieren und weitere 10 Minuten garen. Dann aus dem Ofen nehmen und auf einer Platte anrichten. Mit den Erdnüssen bestreuen und mit dem Frühlingszwiebelöl überziehen. Die Spieße lassen sich als Vorspeise, als Snack oder auch als Teil einer größeren Auswahl zum gemeinsamen Teilen servieren. Oder Sie servieren sie mit Reisnudeln, frischen Kräutern und einem klassischen Fischsaucendip (siehe Seite 28) oder – mein persönlicher Favorit – (nur das aromaintensive Fleisch) als Füllung für Sommerrollen.

Schweinerippchen und Chickenwings mit Zitronengras und Chili

Sườn Heo Và Cánh Gà Nướng Sả Ớt

Egal was der Wetterbericht sagt, von einem zünftigen vietnamesischen Barbecue hält mich so schnell nichts ab! Dieses Gericht ist ideal für eine dieser zwanglosen Runden, bei denen man keine Stühle braucht und mit den Fingern statt mit Messer und Gabel isst. Das hier geht ganz einfach und katapultiert Ihre Grillkünste auf eine andere Ebene! Nur zu, dies ist ein Muss!

Für 4 Personen

Für die Marinade

8 Stängel Zitronengras, zerdrückt und fein gewürfelt
12 rote Thai-Schalotten, fein gewürfelt
4 Vogelaugenchilischoten, fein gewürfelt
3 EL Fischsauce
1 EL Sojasauce
3 EL Zucker
1 EL Honig
1 EL zerstoßene schwarze Pfefferkörner
90 ml Sesamöl

1 kg Chickenwings, besonders fettreiche Haut entfernt
1 kg Schweinerippchen, gewaschen und in die einzelnen Rippen zerteilt

Zum Servieren

2–3 rote Chilischoten, längs in Streifen geschnitten
100 g Frühlingszwiebeln, schräg in Ringe geschnitten
Ananas-Fischsauce (siehe Seite 29)

In einer Schüssel sämtliche Zutaten für die Marinade gründlich verrühren. Die Hälfte der Mischung in eine zweite Schüssel gießen, die Chickenwings darin einlegen. Die Marinade sorgfältig in die Hähnchenflügel einreiben und im Kühlschrank mindestens 3 Stunden, am besten aber über Nacht marinieren. Mit den Rippchen und dem Rest der Marinade ebenso verfahren.

Das Fleisch mindestens 30 Minuten vor der Zubereitung aus dem Kühlschrank nehmen, damit es Zimmertemperatur annehmen kann.

Die Schönwetteroption: Grillen
Die Hähnchenflügel auf dem geheizten Grill 20–25 Minuten grillen und nach der Hälfte der Zeit wenden. Sie sind gar, wenn das Fleisch im Kern nicht mehr rosa ist.

Die Schweinerippchen 25–30 Minuten grillen und immer wieder wenden, bis sie rundherum schön braun sind.

Regentagoption: Im Ofen braten
Für die Hähnchenflügel den Backofen auf 180 °C vorheizen.

Die Chickenwings auf ein mit Alufolie (oder mit einer Silikonbackmatte) ausgelegtes Blech legen, die Marinade in der Schüssel beiseitestellen. Die Schlegel im Ofen 40 Minuten braten und nach der Hälfte der Zeit wenden. Dann die Chickenwings mit der verbliebenen Marinade bestreichen und noch einmal 10 Minuten garen.

Für die Rippchen den Backofen auf 200 °C heizen.

Die Rippchen auf ein mit Alufolie (oder mit einer Silikonbackmatte) ausgelegtes Blech legen und mit etwas Marinade bestreichen, die Marinade in der Schüssel beiseitestellen. Die Rippchen im Ofen 50 Minuten braten und nach 25 Minuten wenden. Mit der restlichen Marinade bestreichen, dann weitere 10 Minuten garen.

Das Fleisch mit den Chilischoten und den Frühlingszwiebeln bestreuen, gemeinsam mit der Ananas-Fischsauce zum Dippen servieren. Alternativ dazu Reis- oder Fadennudeln und einen Beilagensalat servieren. Ein knuspriges Baguette kommt ebenfalls immer gut an.

Schwenkfleisch

Bò Lúc Lắc

Hier wird Rinderfilet in schwarzem Pfeffer gewendet, kurz blutig gebraten und mit einem schwungvollen Brunnenkressesalat mit roten Zwiebeln serviert. (Das Foto zeigt eine Schale mit dem köstlichen »nackten« Fleisch, richtig rund wird es aber erst, wenn all die Extras hinzukommen, also unbedingt dem Rezept folgen.)

»Bò lúc lắc« ist unwiderstehlich. Es ist von ungemein köstlichem Geschmack und die kross gebratene Kruste des Fleischs bildet einen herrlichen Kontrast zu dem butterweichen rosaroten Inneren. Die eingelegten Zwiebeln setzen einen erfrischend säuerlichen Akzent und der klassische Dip aus Salz, zerstoßenem Pfeffer und einem kräftigen Spritzer Limettensaft ist zwar simpel, sorgt aber für eine ungeahnte Vielschichtigkeit. Jedes Element für sich macht den Vietnamesen bereits den Mund wässrig, und wenn erst alles zusammen auf dem Teller liegt …

Meine Mutter servierte »bò lúc lắc« oft für meinen Vater und seine Freunde als eine Art Tapa zum Bier. Wie oft habe ich mir gewünscht, ich könnte mich mit meinen Essstäbchen an den Tisch heranschleichen …

Fortsetzung Seite 156

Schwenkfleisch …

In einer Schüssel das Rinderfilet und sämtliche Zutaten für die Marinade sorgfältig vermengen und 3 Stunden im Kühlschrank marinieren. Das Fleisch etwa 30 Minuten vor der Zubereitung herausnehmen, damit es Zimmertemperatur annehmen kann.

Für den Würzdip in einer kleinen Schale Salz und Pfeffer vermischen, den Limettensaft hineinpressen und nur kurz umrühren, sodass alles gleichmäßig vermengt ist, aber noch Struktur hat.

Für die eingelegten Zwiebeln in einer kleinen Schüssel Limettensaft, Zucker, Knoblauch, Chilischote und Fischsauce zu einer Vinaigrette verrühren, bis sich der Zucker aufgelöst hat. Die Zwiebeln darin einlegen und behutsam mit den Fingern in der Vinaigrette wenden, jedoch nicht quetschen. Bis zum Anrichten durchziehen lassen.

In einer Pfanne 1 EL Öl bei mittlerer Temperatur erhitzen. Sobald es heiß ist, die Frühlingszwiebeln darin 1 Minute anschwitzen. Anschließend sofort vom Herd nehmen – die Frühlingszwiebeln sollten ihre leuchtend grüne Farbe bewahren und noch ein wenig Biss haben. In eine kleine Schüssel füllen.

Die Pfanne mit Küchenpapier auswischen und das restliche Öl (2 EL) darin bei hoher Temperatur auf 190 °C erhitzen. Zur Kontrolle ein Holzstäbchen hineinhalten. Bilden sich sofort sprudelnde Bläschen, ist es heiß genug. Das Rinderfilet samt Marinade hineingeben und gleichmäßig in der Pfanne verteilen. Je nach Größe der Pfanne eventuell in mehreren Durchgängen arbeiten, damit das Fleisch nicht übereinanderliegt. Das Fleisch 30 Sekunden anbraten, wenden und von der anderen Seite 30 Sekunden bräunen.

Nun die Pfanne anheben und das Fleisch über der Gasflamme 30 Sekunden ununterbrochen kräftig schwenken. Dieser Arbeitsschritt gab dem Gericht seinen Namen, also legen Sie sich dabei ruhig ein bisschen ins Zeug! Wenn Sie es richtig machen, können Sie sich auf ein flammendes Spektakel gefasst machen. Das fällt beim Elektroherd natürlich aus, aber schwenken sollten Sie trotzdem kräftig. Dabei gut aufpassen – das Fleisch darf nicht verbrennen. Die Frühlingszwiebeln hinzugeben und die Pfanne weitere 15 Sekunden schwenken. Das Filet sollte von außen kräftig gebräunt, im Kern aber noch fast blutig sein.

Die Brunnenkresse auf eine Servierplatte häufen. Die eingelegten Zwiebeln darüber verteilen und das Schwenkfleisch darauf anrichten.

Abschließend alles mit den Röstschalotten bestreuen, es kann losgehen! Dieses Gericht macht sich gut in Kombination mit einer Auswahl anderer kleiner Speisen, lässt sich aber auch im Alleingang oder als Hauptgericht mit frisch gedämpftem Reis genießen.

Für 4 Personen als Teil einer Auswahl

500 g Rinderfilet, in 2,5 cm große Würfel geschnitten
3 EL Pflanzenöl
10 Frühlingszwiebeln, schräg in 5 cm lange Stücke geschnitten

Für die Marinade
4 EL Sesamöl
2 EL fein gewürfelter Knoblauch
2 EL fein gewürfelte rote Chilischote
2 EL schwarze Pfefferkörner
2 EL Zucker
1 EL Fischsauce
1 EL Sojasauce
1 EL Reiswein
1 TL Austernsauce

Für den Würzdip
1 TL Salz
2 TL zerstoßene schwarze Pfefferkörner
Saft von 1 Limette

Für die eingelegten Zwiebeln
Saft von 2 Limetten
4 EL Zucker
1 TL fein gewürfelter Knoblauch
1 TL fein gewürfelte rote Chilischote
1 EL Fischsauce
2 rote Zwiebeln, in feine Streifen geschnitten

Zum Servieren
200 g Brunnenkresse
1 EL knusprige Röstschalotten (siehe Seite 25)

Knusprige Chickenwings mit Fischsauce

Cánh Gà Chiên Nước Mắm

Nicht vom Rezepttitel abschrecken lassen – selbst die größten Fischsaucenverweigerer da draußen werden diesen köstlichen Hähnchenflügeln verfallen. Ich hoffe, Sie haben genug Bier kalt gestellt!

Für 3-4 Personen

1 kg Chickenwings
1 l Pflanzenöl
70 g Maisstärke
6 Frühlingszwiebeln, in dünne Röllchen geschnitten
3 rote Chilischoten, schräg in dünne Ringe geschnitten

Für die Marinade

3 EL Sesamöl
1 TL Salz
75 ml Fischsauce
80 g Zucker
2 EL fein gewürfelter Knoblauch
2 EL fein gewürfelter frischer Ingwer

Zum Servieren

20 ml Fischsauce
2 rote Chilischoten, in Ringe geschnitten
knusprige Röstschalotten (nach Belieben, siehe Seite 25)
knuspriger Knoblauch (nach Belieben, siehe Seite 26)

In einer Schüssel die Schlegelstücke mit sämtlichen Zutaten für die Marinade gründlich vermengen. In den Kühlschrank stellen und mindestens 3 Stunden am besten aber über Nacht marinieren.

Ein Blech mit Küchenpapier auslegen. In einer großen Pfanne das Öl bei mittlerer Temperatur auf 160 °C erhitzen. Zur Kontrolle ein Holzstäbchen hineinhalten. Bilden sich erste Bläschen, ist das Öl heiß genug.

Die Hähnchenflügel aus der Marinade nehmen, diese beiseitestellen. Die Hähnchenstücke mit Küchenpapier abwischen. In eine flache Schale die Maisstärke streuen, die Hähnchenflügel darin wenden. Dann die Chickenwings vorsichtig in das heiße Öl gleiten lassen und darin 3–5 Minuten frittieren, bis sie goldbraun und durchgegart sind. Je nach Größe der Pfanne besser portionsweise vorgehen. Die frittierten Hähnchenflügel auf dem vorbereiteten Blech entfetten und abkühlen lassen.

In einer Pfanne die verbliebene Marinade bei mittlerer Temperatur zum Kochen bringen und 3–4 Minuten reduzieren, bis sie karamellisiert ist und in der Konsistenz an Sirup erinnert. Die Hähnchenflügel einlegen und in der Mischung wenden, bis sie rundherum glasiert sind. Frühlingszwiebeln und Chilischoten hinzufügen, die Pfanne sofort vom Herd nehmen und durchschwenken. Die Resthitze genügt, um die Frühlingszwiebeln kurz zu garen.

Die Chickenwings mit Fischsauce vermischt mit roten Chilischoten servieren. Ja, noch mehr Chilischoten und noch mehr Fischsauce …

Schmeckt umwerfend als Snack oder Vorspeise. Mit frisch zubereitetem lockerem Reis eine perfekte, aber einfache Kombi.

Salate & mehr

Salate & mehr

Pfannengerührtes und Salate sollten auch in diesem Buch zu den einfacheren Rezepten zählen, in gewisser Weise stimmt das auch. Es gehört nicht viel dazu, mal eben eine passable Mahlzeit auf den Tisch zu bringen, doch gibt es da meiner Ansicht nach ein großes Missverhältnis zwischen dem Schein und dem, was tatsächlich nötig ist, um derlei Gerichte perfekt hinzubekommen. Manchmal sind es die schnellen Gerichte, die am einfachsten zu ruinieren sind! Je weniger Arbeitsschritte und Zutaten, desto mehr fällt auf, wenn etwas zu lang gegart wurde. Die besten Köche erkennt man an den einfachsten Gerichten, denke ich. Wenn Sie die also richtig zubereiten, können Sie damit schon was hermachen!

Hier also ein kleiner Rat: Nehmen Sie sich ausreichend Zeit für die Vor- und Zubereitung der Rezepte in diesem Kapitel. Versuchen Sie, es perfekt zu machen!

Solch hohe Ansprüche hat auch meine Mutter. Um sie zufriedenzustellen, muss jede einzelne Zutat, die in diese Gerichte wandert, präzise zugeschnitten sein, für die perfekte Konsistenz, und exakt mariniert werden, für den maximalen Geschmack. So frustrierend ich das als Teenager fand, so bin ich mittlerweile wie meine Mutter geworden und bestehe selbst darauf. Aus Prinzip tue ich zwar selten etwas gern, doch kann ich ihr heute nur beipflichten – wenn irgendetwas ein Gericht verbessern kann, sei die Maßnahme auch noch so klein, dann sollte man es unbedingt tun. Ein Gericht sollte die Küche nur verlassen, wenn es perfekt ist.

Sie sehen, wir beide stellen hohe Erwartungen an diese Rezepte, und um unseren Ansprüchen zu genügen, sollte man ausreichend Vorbereitungszeit einplanen. Mein wichtigster Tipp lautet also: Vorbereitung, Vorbereitung, Vorbereitung! Folgen Sie dem Beispiel meiner Mutter und nehmen Sie sich die Zeit dafür. Es ist wirklich wichtig. Wenn Sie sich daran halten und mit genügend Zeit und Sorgfalt vorgehen, wird das Ergebnis Ihre Erwartungen noch übertreffen. Außerdem empfehle ich, nur allerbeste Zutaten zu verwenden. Sie sollten so frisch wie möglich sein und vorzugsweise aus biologischer Erzeugung stammen. Das gilt im Grunde natürlich für alle Rezepte im Buch, doch ist es bei einfachen Rezepten ungleich schwieriger, mittelmäßige Qualität zu kaschieren.

Das Schöne an Pfannengerührtem und Salaten ist ihre große Vielseitigkeit.

In Vietnam wuchsen die frischen Zutaten auf unserem eigenen Hof, so hatten wir immer frisches Gemüse und Kräuter in Hülle und Fülle. Eines der Gartenkräuter meiner Großmutter war Wasserspinat, eigentlich kein Kandidat für ein Pfannengericht. Im Gegenteil, gewöhnlich wird er an die Schweine verfüttert. Doch so gern ihn die Schweine fraßen, auch ich mochte ihn! Also legte sie für mich immer ein wenig zur Seite. Wie Sie sich vorstellen können, machte sich die ganze Familie darüber lustig und schon bald hatte ich meinen Spitznamen weg – »Schweinchen«. Je gemeiner der Spitzname, desto größer offenbar die Zuneigung dahinter. Erzählte man mir zumindest.

Der Reiz der vietnamesischen Küche liegt in dem Zusammenspiel gegensätzlicher Texturen und Aromen. Mit diesen Rezepten möchte ich zeigen, wie man sie kombiniert und strukturiert. Sie setzen sich durch einfache Gegensätze wie heiß und kalt, knackig und zart oder süß und sauer zusammen. Es macht Spaß, damit zu spielen, und ich kann Ihnen nur ans Herz legen, selbst zu experimentieren. Diese Rezepte geben authentische Gerichte wieder, wie sie die Vietnamesen jeden Tag zubereiten. Jede Provinz hat ihre eigenen Spielarten, diese stammen aus meiner Heimat, dem Mekongdelta. Aber folgen Sie ruhig dem Beispiel meiner Großmutter und spielen Sie mit Extrazutaten eigener Wahl. Wichtig ist nur, dass sie einander ergänzen. Denken Sie daran, jede Zugabe sollte dem Gericht eine neue Dimension hinzufügen, eine neue Geschmacksnuance oder eine neue Konsistenz.

Genialerweise schmecken vietnamesische Salate und Pfannengerichte übrigens nicht nur gut, sie sind auch gesund! Sie bieten jede Menge Gemüse und Kräuter, sie sind von Natur aus gluten- und milchfrei. Dazu ist jedes Gericht in diesem Kapitel ein Feuerwerk der Farben. An vietnamesischem Essen kann man sich förmlich sattsehen, pflege ich zu sagen, schon vor dem ersten Bissen, so schön und appetitlich sieht es aus. Auch auf diese Rezepte trifft das voll und ganz zu, Sie werden sehen. Farbenprächtig, gesund und vor allem köstlich.

Jedes Rezept vermittelt wichtige Techniken der vietnamesischen Küchenpraxis und setzt meine absoluten Lieblingszutaten in Szene. Für mich verkörpern sie den Geschmack von Heimat und sind die unbesungenen Helden der vietnamesischen Küche. Sie werden sie hoffentlich ebenso lieben!

Pfannengerührter Wasserspinat

Rau Muống Xào Tỏi

Auf dieses Rezept griff meine Mutter gern zurück, wenn sie bei ihren täglichen Besorgungen mal wieder gegen die Uhr kämpfte, aber unbedingt eine ausgewachsene Mahlzeit auf den Tisch bringen wollte, wenn mein Vater nach einem langen Arbeitstag nach Hause kam. Hier also ein Gericht, das in Minuten fertig ist, aber so schmeckt, als hätte es Stunden gebraucht.

Für 4 Personen als Teil einer Auswahl

- 3 EL Sesamöl
- 2 EL fein gewürfelter Knoblauch
- 2 Stängel Zitronengras, zerdrückt und halbiert
- 500 g Wasserspinat, grob gehackt
- 1 EL Fischsauce
- 1 Prise Salz
- 1 EL Zucker

Zum Servieren

- knusprige Röstschalotten (siehe Seite 25)
- knuspriger Knoblauch (siehe Seite 26)
- 2 rote Chilischoten, schräg in Ringe geschnitten

In einer Pfanne das Sesamöl bei mittlerer Temperatur erhitzen. Sobald es heiß ist, den Knoblauch und das Zitronengras darin 1 Minute unter Rühren goldgelb schwitzen. Den Wasserspinat, die Fischsauce und das Salz hinzufügen, alles einige Sekunden weiterrühren, dann den Zucker einstreuen. Ab jetzt den Pfanneninhalt beständig durchschwenken, damit alles gleichmäßig durchmischt wird und der Zucker nicht karamellisiert oder verbrennt. Die Pfanne nach 2 Minuten vom Herd nehmen und den Wasserspinat auf Tellern anrichten. Als letzten Schliff mit den Röstschalotten, dem knusprigen Knoblauch sowie mit den Chilischoten garnieren.

Traditionell wird dies zusammen mit weiteren Gerichten, mit Reis und immer auch mit einem Schälchen Sojasauce mit ein paar Chilischoten darin serviert. Mir genügt es jedoch auch solo als leichtes, gesundes Mittagessen.

Nudelschale mit Tofu und Shiitakepilzen

Bún Xào Tàu Hũ Nấm Đông Cô

Ein herrliches und supergesundes veganes Essen, das auch in Sachen Geschmack keine Wünsche offenlässt! Fürs Foto sah es netter aus, die Pilze im Ganzen zu lassen, für das beste Geschmacksergebnis sollten Sie sie jedoch tatsächlich klein schneiden, wie im Rezept angegeben.

Für 6 Personen

- 400 g getrocknete Reis-Vermicelli
- 3 EL Pflanzenöl
- 1 EL fein gehackter Knoblauch
- 1 EL fein gehackte roter Chilischote
- 1 EL fein gehacktes Zitronengras
- 2 große Karotten, in feine Streifen geschnitten
- 1 Chayote, geschält und in feine Streifen geschnitten
- 1 rote Zwiebel, in feine Streifen geschnitten
- 10 Soja-Shiitakepilze, in ganz dünne Scheibchen geschnitten (siehe Seite 24)
- 400 g frittierter Tofu (siehe Seite 25), in 1 cm breite Streifen geschnitten
- 1 EL Sojasauce
- 1 EL Zucker
- 1 EL vegetarische Austernsauce
- 3 Frühlingszwiebeln, fein gehackt
- 1 TL zerstoßene schwarze Pfefferkörner

Zum Servieren

- 200 g Bohnensprossen
- 270 ml veganer Sojadip (siehe Seite 30)
- 100 g Koriandergrün, gehackt
- 100 g Thai-Basilikumblätter
- 100 g Minzeblätter

Die Reis-Vermicelli nach Packungsanleitung garen und beiseitestellen.

In einer großen Pfanne das Öl bei mittlerer Temperatur erhitzen. Knoblauch, Chili und Zitronengras darin pfannenrühren, bis der Knoblauch leicht gebräunt ist. Die Karotten hinzufügen und alles 1 weitere Minute unter Rühren garen. Nun die Chayote, die roten Zwiebeln und die Shiitakepilze untermengen. Alles weitere 2 Minuten pfannenrühren.

Den Tofu, die Sojasauce, den Zucker und die Austernsauce dazugeben, noch einmal 2 Minuten rühren. Zum Abschluss die Frühlingszwiebeln und den zerstoßenen Pfeffer in die Pfanne streuen und alles gut durchschwenken. Dann kann serviert werden.

In jede Schale 1 kleine Handvoll Bohnensprossen sowie 1 Portion Nudeln geben und den Pfanneninhalt darüber verteilen. Jeweils mit etwas veganem Sojadip beträufeln und mit den Kräutern garnieren.

Garnelenpfanne mit Papaya und Tamarinden-Fischsauce

Gỏi Đu Đủ Tôm Nước Mắm Me

Dieses Gericht schmeckt hervorragend als Vorspeise oder leichter Lunch. Aber auch als Teil einer größeren vietnamesischen Tafel macht es sich gut.

Für 2 Personen

- 12 rohe Riesengarnelen, geschält, ohne Kopf und entdarmt, mit Küchenpapier abgetrocknet
- ¼ TL Salz
- ¼ TL zerstoßener schwarzer Pfeffer
- 1 TL Butter
- 1 Papaya (etwa 750 g), in feine 5 cm lange Streifen geschnitten
- 1 großer Daikon-Rettich, in feine 5 cm lange Streifen geschnitten
- 1 Salatgurke, entkernt und in feine 5 cm lange Streifen geschnitten
- 10 g Thai-Basilikumblätter, fein gehackt
- 10 g Minze, fein gehackt
- 10 g Vietnamesischer Koriander *(rau răm)*, fein gehackt
- 10 g Koriandergrün, fein gehackt
- 150 ml Tamarinden-Fischsauce (siehe Seite 29)

Zum Servieren

- 1 EL knusprige Röstschalotten (siehe Seite 25)
- 1 EL geröstete Erdnüsse (siehe Seite 26)
- 1 TL knuspriger Knoblauch (siehe Seite 26)

Die Garnelen mit dem Salz und dem zerstoßenen schwarzen Pfeffer bestreuen.

In einer Pfanne die Butter bei mittlerer bis hoher Temperatur aufschäumen. Die Garnelen darin von jeder Seite 2 Minuten braten. Aus der Pfanne nehmen.

In einer großen Schüssel alle restlichen Zutaten miteinander vermengen. Die Garnelen einlegen und rundherum in der Mischung wenden.

Die Garnelen anrichten, mit den Röstschalotten, den Erdnüssen und dem Knoblauch servieren und genießen.

Chayoten-Garnelen-Pfanne

Su Su Xào Tôm

Sieht aus wie eine Frucht, schmeckt wie ein Gemüse und nennt sich auf Englisch zu allem Überfluss auch noch »pear squash« – »Birnenkürbis« (sie gehört tatsächlich zu den Kürbisgewächsen) – offenbar kann sich die Chayote nicht so recht entscheiden. Dafür schmeckt sie ausgezeichnet mit Garnelen, wen kümmert da ihre Selbstfindungskrise.

Für 2–3 Personen als Teil einer Auswahl

- 16 rohe Garnelen, ohne Kopf, bis auf den Schwanz geschält und entdarmt
- 6 EL Pflanzenöl
- 1 EL gehackter Knoblauch
- 1 EL gehackter frischer Ingwer
- 2 Chayoten, geschält, entkernt und in feine Streifen geschnitten
- 2 EL Reiswein
- 1 EL Zucker
- 1 EL Sojasauce
- 2 Frühlingszwiebeln, schräg in dünne Röllchen geschnitten, zum Servieren

Für die Marinade

- 1 TL Maisstärke
- 1 EL Fischsauce
- 1 EL Annatto-Öl (siehe Seite 22)
- 1 Prise Salz

In einer Schüssel die Garnelen mit sämtlichen Zutaten für die Marinade sorgfältig vermengen und bei Raumtemperatur 30 Minuten marinieren.

In einer Pfanne 3 EL Öl bei mittlerer Temperatur auf 160 °C erhitzen. Zur Kontrolle ein Holzstäbchen hineinhalten. Bilden sich erste Bläschen, ist das Öl heiß genug.

Die Garnelen darin 2 Minuten pfannenrühren. Ihr Zischen und Brutzeln gehört zweifellos zu meiner »Lieblingsmusik« auf dieser Welt. Die Garnelen mit einem Spatel oder Essstäbchen beständig in Bewegung halten, damit sie nicht aneinanderkleben. Die Pfanne vom Herd nehmen, die Garnelen in eine Schüssel geben und beiseitestellen.

Die Pfanne wieder auf den Herd stellen und das restliche Öl (3 EL) erhitzen. Sobald es heiß ist, Knoblauch und Ingwer etwa 20 Sekunden darin goldgelb anschwitzen. Dann die Chayoten, den Reiswein, den Zucker und die Sojasauce untermengen und alles 2 Minuten pfannenrühren. Nun die Garnelen und ihre köstliche Sauce wieder hineingeben und alles noch einmal 1 Minute durchschwenken – fertig.

Mit den Frühlingszwiebeln garnieren und servieren. Dazu schmeckt Jasminreis und ein Dip aus Fischsauce und klein geschnittenen roten Chilischoten.

Süßsaure Tintenfischpfanne

Mực Sao Chua Ngọt

Als Kind habe ich dieses Gericht oft mit Reisnudeln statt wie traditionell mit Jasminreis gegessen, gewiss ein Einfall meiner Mutter, an dem ich noch heute Gefallen finde. Wenn Reis dazu (wie hier) gereicht wird, würde ich immer zuerst in die Schale ein paar Tropfen klassischen Fischsaucendip (siehe Seite 28) geben.

Für 2 Personen

6 EL Pflanzenöl
300 g küchenfertige Kalmare, in 5 cm große Stücke geschnitten und die Haut leicht eingeritzt
½ Ananas, geschält, in kleine Stücke geschnitten
12 Kirschtomaten
4 Frühlingszwiebeln, in 3 cm lange Stücke geschnitten
1 Zwiebel, in 2 cm dicke Spalten geschnitten und halbiert
4 rote Schalotten, halbiert
1 Salatgurke, halbiert, entkernt und schräg in 1 cm dicke Stücke geschnitten
200 g chinesischer Stangensellerie, schräg in Stücke geschnitten

Zum Würzen

1 EL fein gewürfelter Knoblauch
1 EL Fischsauce
1 EL Sojasauce
2 EL Reiswein
2 EL Zucker
½ TL Salz
Saft von ½ Limette
1 TL schwarze Pfefferkörner

Zum Servieren (nach Belieben)

3 rote Chilischoten, schräg in dünne Ringe geschnitten
1 EL knusprige Röstschalotten (siehe Seite 25)
2 Frühlingszwiebeln, schräg in feine Röllchen geschnitten
1 kleine Handvoll Koriandergrün, grob gehackt
1 kleine Handvoll Thai-Basilikumblätter

In einer Pfanne 3 EL Öl bei hoher Temperatur auf 190 °C erhitzen. Zur Kontrolle ein Holzstäbchen hineinhalten. Bilden sich sofort stark sprudelnde Bläschen, ist das Öl heiß genug.

Die Tintenfischstücke samt Würzzutaten darin 2 Minuten pfannenrühren. Aus der Pfanne nehmen und in einer Schüssel beiseitestellen.

Das restliche Öl (3 EL) in der Pfanne kräftig erhitzen. Die Ananasstücke und die Kirschtomaten in dem Öl 1 Minute pfannenrühren. Frühlingszwiebeln, Zwiebel, Schalotten, Gurke und den Sellerie dazugeben. Alles 1 weitere Minute unter Rühren garen. Abschließend den Tintenfisch samt seiner würzigen Sauce wieder untermischen und noch 1 Minute weiterrühren. Anschließend kann serviert werden.

Alles auf einem großen Teller anrichten und ein wenig garnieren (die restlichen Garnituren separat dazu reichen, sodass sich jeder selbst bedienen kann). Dazu passen gedämpfter Jasminreis und 1 Schale Sojasauce mit 1 klein geschnittenen Chilischote darin.

Hähnchen-Mango-Salat

Gỏi Gà Trộn Xoài

Dieser Salat schmeckt fabelhaft als eigenständiges Hauptgericht oder als Teil eines umfangreichen Familienessens. Dazu wird traditionell Reis oder eine Art Reis-Porridge – auch als »cháo« oder »congee« bekannt – serviert.

Für 2 Personen oder für 3–4 Personen als Teil einer Auswahl

Für das Dressing
- 3 EL Fischsauce
- Saft von 1 Limette
- 3 EL Zucker
- 3 Knoblauchzehen, fein gehackt
- 2 Vogelaugenchilischoten, fein gehackt

- Butter zum Einfetten
- 300 g Hähnchenbrustfilet
- 2 EL Sesamöl
- 2 unreife (grüne) Mangos (je 180–200 g)
- 1 kleine Handvoll Minze, gehackt
- 1 kleine Handvoll Koriandergrün, gehackt
- 2 Frühlingszwiebeln, gehackt

Zum Servieren
- 1 rote Chilischote, schräg in Ringe geschnitten
- 1 TL knusprige Röstschalotten (siehe Seite 25)
- 1 TL knuspriger Knoblauch (siehe Seite 26)
- 1 TL geröstete Erdnüsse (siehe Seite 26), zerstoßen
- 1 Handvoll Minzeblätter

Für das Dressing in einem Topf die Fischsauce, den Limettensaft, den Zucker und 100 ml Wasser bei mittlerer Temperatur erhitzen und umrühren, bis sich der Zucker aufgelöst hat. Den Topf vom Herd nehmen, bevor die Mischung den Siedepunkt erreicht hat. Das Dressing vollständig abkühlen lassen, anschließend den Knoblauch und die Chilischoten hineingeben. Wenn sie an der Oberfläche treiben, haben Sie perfekt gearbeitet. (Sinken sie auf den Boden, war das Dressing noch zu warm; es schmeckt aber trotzdem.)

Das Dressing in ein Glas füllen und fest verschlossen bis zu 5 Tage im Kühlschrank aufbewahren.

Den Backofen auf 170 °C vorheizen.

Ein Bratenblech mit Butter einfetten. Die Hähnchenbrustfilets gleichmäßig mit dem Sesamöl einreiben und auf das Blech legen. Mit Backpapier zudecken und je nach Größe der Stücke 25–30 Minuten im Ofen braten, bis sie goldbraun und durchgegart sind. Abkühlen lassen, in Streifen zerpflücken und beiseitestellen.

Nun für den Salat die Mangos schälen und das Fruchtfleisch in feine Streifen schneiden.

In einer Schüssel die Mangostreifen, das Hähnchenfleisch, die Kräuter und die Frühlingszwiebeln vermengen. Alles mit dem Dressing übergießen. Behutsam durchheben und anrichten.

Den Salat mit Chilischoten, Röstschalotten, knusprigem Knoblauch, gerösteten Erdnüssen und Minzeblättern garnieren und servieren.

Entensalat mit Erbsensprossen und Tamarindendressing

Gỏi Vịt Đọt Đậu Nước Mắm Me

Hier ergänzen sich fernöstliche Aromen mit westlichen Zubereitungstechniken aufs Beste. Meine Mutter schüttelt noch heute beim Anblick von rohen Fleischgerichten, Ceviche oder weichen Eiern, die meine Küche verlassen, den Kopf. Manchmal frage ich mich, wie ich wohl reagieren würde, wäre ich nicht in so jungen Jahren nach England gegangen. Insgeheim hoffe ich ja, dass es sie in Wirklichkeit beeindruckt; zumindest habe ich da mal ein vielsagendes Leuchten in ihren Augen bemerkt.

Als vietnamesische Mutter hegt sie zumindest eine spürbare Skepsis gegenüber dem Unvertrauten, wenn sich meine Küche mal von der Tradition entfernt. Es ist eigenartig, für meinen Vater und seine Freunde tischt sie das herrlichste Carpaccio auf, sie selbst würde es aber nie anrühren oder das Prinzip auf andere Lebensmittel übertragen. Was würde wohl passieren, wenn ich ihr ein Steak Tatar servierte? Schätze, ich müsste den nächsten Notausgang nehmen!

Für 4 Personen

Für das Tamarindendressing
10 g Tamarindenpaste
2 EL feiner Zucker
150 ml Fischsauce
1 EL fein gehackte rote Chilischote
1 EL fein gehackter Knoblauch

Für den Salat
4 Entenbrustfilets
1 Prise Salz
200 g Erbsensprossen
1 Zwiebel, quer zur Faser in dünne Streifen geschnitten
2 Salatgurken, in feine Streifen geschnitten
1 EL knusprige Röstschalotten (siehe Seite 25), zum Servieren

Zum Würzen
4 Sternanis
½ kleine Zimtstange
2 EL Koriandersamen
2 Gewürznelken

Für das Dressing in einer kleinen Schüssel die Tamarindenpaste in 100 ml heißem Wasser auflösen, die Flüssigkeit durch ein feines Sieb passieren und beiseitestellen. In einem Topf 20 ml Wasser erhitzen und den Zucker darin unter Rühren auflösen. Den Topf vom Herd nehmen und die Mischung 20 Minuten abkühlen lassen. Anschließend die Fischsauce, das Tamarindenwasser, die Chilischote und den Knoblauch einrühren. Dann die Gewürze in einer Gewürzmühle zermahlen und in eine kleine Schale geben.

Die Entenbrustfilets mit Küchenpapier trocken tupfen. Die Haut mit einem scharfen Messer mehrfach einschneiden, das Fleisch sollte dabei jedoch unversehrt bleiben. Die Brustfilets rundherum mit etwas Salz und der Gewürzmischung einreiben.

Den Backofen auf 200 °C vorheizen. Eine große antihaftbeschichtete Pfanne erhitzen, die erste Entenbrust mit der Haut nach unten einlegen und das Fleisch bei mittlerer Temperatur 7–8 Minuten anbraten, bis die Haut leicht knusprig und goldbraun ist. Dabei das Fleisch mit einem Spatel leicht andrücken, damit die Haut gleichmäßig gart und Farbe nimmt. Die Entenbrust wenden und von der anderen Seite 20 Sekunden bräunen; anschließend auch die Ränder jeweils 10 Sekunden braten. Mit den restlichen Entenbrustfilets ebenso verfahren.

Die angebratenen Stücke auf einem Backblech im Ofen in 6–7 Minuten fertig garen. Das Fleisch herausnehmen und 10 Minuten ruhen lassen. Schräg in hauchdünne Scheiben schneiden und beiseitelegen.

In einer Salatschüssel Erbsensprossen, Zwiebel und Gurken vermengen und dabei nach Geschmack das Tamarindendressing einarbeiten – ich gebe etwa 2 EL davon hinzu.

Den Salat auf Teller verteilen und die Entenbrustscheiben darauf anrichten. Mit 1 letzten TL Dressing beträufeln und mit den Röstschalotten bestreuen.

Nudelschale mit Rindfleisch und Zitronengras

Bún Thịt Bò Xào Sả Ớt

Bei diesem Gericht dreht sich alles um das Rindfleisch – butterweiche Stückchen, am Rand fast durchgebraten, wunderbar aromatisiert mit Zitronengras. Dieses Rezept ist meine erste Wahl, wenn ich ein richtig gutes Stück Fleisch ergattert habe und es mit etwas Frischem und Leichtem in Szene setzen möchte.

Für 5 Personen

1 kg Rindfleisch aus der Oberschale, quer zur Faser in 5 cm lange Streifen geschnitten
3 EL Pflanzenöl

Für die Marinade

3 EL fein gewürfelte rote Chilischote
3 EL fein gewürfelter Knoblauch
3 EL fein gewürfeltes Zitronengras
2 EL Fischsauce
1 EL Sojasauce
1 Prise Salz
3 EL Zucker
5 EL Sesamöl

Zum Servieren

400 g Reisnudeln, nach Packungsanleitung gegart
300 g Bohnensprossen
2 große Karotten, in feine 5 cm lange Streifen geschnitten
3 Salatgurken, in feine 5 cm lange Streifen geschnitten
5 Romanasalatherzen, in feine Streifen geschnitten
300 g Minze, fein gehackt
300 g Koriandergrün, fein gehackt
5 Zweige Thai-Basilikum, zerpflückt
5 Zweige Dill, zerpflückt
300 ml klassische Fischsauce zum Dippen (siehe Seite 28)
2 EL knusprige Röstschalotten (siehe Seite 28)
2 EL knuspriger Knoblauch (siehe Seite 26)
2 EL geröstete Erdnüsse (siehe Seite 25; nach Belieben)

In einer Schüssel das Rindfleisch mit sämtlichen Zutaten für die Marinade gründlich vermengen und mindestens 3 Stunden, am besten aber über Nacht im Kühlschrank marinieren. Das Fleisch 45 Minuten vor der Zubereitung aus dem Kühlschrank nehmen, damit es sich etwas erwärmen kann.

Das Pflanzenöl in einer großen Pfanne bei mittlerer Temperatur auf 160 °C erhitzen. Zur Kontrolle ein Holzstäbchen hineinhalten, bilden sich erste Bläschen, ist es heiß genug. Das Rindfleisch hineingeben und 3–4 Minuten pfannenrühren, bis es durchgegart ist.

Die größten Schalen, die Sie im Schrank haben, hervorholen … Sie werden Sie brauchen!

Zuerst je 1 Handvoll Bohnensprossen in die Schalen geben, gefolgt von 1 Handvoll Nudeln. Jeweils ein wenig Karotten, Gurken, Romanasalat und frische Kräuter hineinschichten, das Rindfleisch darauf anrichten und großzügig mit Fischsauce beträufeln. Abschließend mit den Röstschalotten, dem knusprigen Knoblauch und den gerösteten Erdnüssen bestreuen.

Und nun beherzt zulangen!

Thuys
Kreationen

Thuys Kreationen

In Vietnam stehen traditionell die Frauen am Herd, sei es auf den Märkten oder zu Hause in der Familie. Töchter werden nach der Qualität der Speisen beurteilt, die sie zubereiten, und wie sie sie präsentieren. In unserer Kultur drehen sich die Dinge immer wieder ums Essen und jedes junge Mädchen, ich eingeschlossen, hat schon einmal zu hören gekriegt, es werde nie einen Mann finden, wenn es nicht in der Lage sei, eine anständige Schale Pho zu kochen! So schlimm das klingen mag, in jener Generation war es schlicht so. Während sich für die Frauen in Vietnam vieles erfreulicherweise zum Guten entwickelt hat, wird gemeinhin immer noch erwartet, dass sie kochen können. Und gerade durch ihre Kreativität in der Küche können vietnamesische Frauen noch am ehesten der Familie zu Geltung und Ansehen verhelfen.

Als kleines Mädchen hielt ich mich gern bei den Frauen in der Küche auf, während sie gemeinsam die Mahlzeiten vorbereiteten. In der Küche knüpfen Frauen Verbindungen und Freundschaften. Es war ein ganz besonderer Ort, der ein Gefühl von Gemeinschaft und Geborgenheit ausstrahlte. Jeder fühlte sich als Teil der engsten Familie, selbst wenn nur Freunde oder entfernte Cousinen zu Besuch waren. Großmutter war die »Küchenchefin«, jeder war für ein bestimmtes Gericht oder die Vorbereitung gewisser Zutaten zuständig. Vielleicht betrachte ich heute aus diesem Grund jeden in meiner Küche wie ein Mitglied der Familie.

Meine Erfahrungen in der Kindheit und als junge Neu-Londonerin haben mich zweifellos geprägt und zu dem Menschen gemacht, der ich bin – willensstark, ehrgeizig und ziemlich temperamentvoll (wie mein Mann Ihnen anschaulich bestätigen würde!), Scheitern gibt es für mich nicht. Ich habe Entbehrungen erlebt und mit meiner Familie Zeiten durchgemacht, in denen wir praktisch nicht wussten, woher die nächste Mahlzeit kommen sollte. Glücklicherweise bin ich mit einer wunderbaren Familie gesegnet, die immer zusammenhielt und füreinander da war. Bei all dem war meine Mutter für mich ein großes Vorbild. Ihre Entschlossenheit hat mich gelehrt, stark zu sein, ihre Güte, Anteil zu nehmen, und ihre Leidenschaft, zu lieben. Sie hat mir gezeigt, was harte Arbeit bedeutet und wie man das Beste aus dem Leben macht. Ihrem Beispiel versuche ich Tag für Tag zu folgen.

Ich habe im Leben gelernt, dass man sich den Umständen entsprechend anpassen und ändern muss. Ich denke, das gilt auch für die Esskultur. Vietnamesisches Essen muss nicht traditionell sein, damit es authentisch ist. Mein Wahlspruch in der Küche lautet »Manchmal traditionell, immer authentisch«. Techniken und Fähigkeiten, die ich von meiner Mutter erlernt habe, sind auf jedem Teller, der meine Küche verlässt, präsent. Ebenso kommen die typisch vietnamesischen Zutaten und Aromen bei allem, was ich mache, zu ihrem Recht. Viele Spezialitäten in Vietnam gelten als sakrosankt und selbst die kleinste Modifizierung lässt so manchen aufschreien. Selbst bei Gerichten, die überall im Lande anders zubereitet werden, schwört jede Region auf ihre Version als die einzig wahre und beste (obwohl eigentlich jeder wissen müsste, dass die meiner Mutter am besten schmeckt!).

Vor diesem Hintergrund finde ich es an der Zeit, der vietnamesischen Küche mal einen innovativen Anstrich zu verpassen. Experimentieren Sie mit den traditionellen Gerichten, geben Sie ihnen eine neue Wendung. Probieren Sie andere Techniken oder Zutaten aus, wer weiß, wohin es führt. Genau das habe auch ich in diesem Kapitel versucht.

Die Leidenschaft und Kreativität vieler Landsfrauen, die mir im Leben begegnet sind, haben die Rezepte in diesem Kapitel inspiriert - es ist meine Hommage an sie. Wie bei allem, was ich in »The Little Viet Kitchen« tue, möchte ich unsere Küche damit sichtbarer machen. Vielleicht ändert sich dabei ja die Vorstellung, die viele Leute von unserer Esskultur haben, ein bisschen. Jedes Gericht, das ich serviere, jedes Rezept, das ich entwerfe, ist Ausdruck meines Respekts gegenüber meinem kulturellen Erbe. So lasse ich Erinnerungen auf meine ganz persönliche Art auf dem Esstisch wieder lebendig werden.

Ich hoffe, diese Rezepte bringen den überall auf der Welt verstreut lebenden Vietnamesen ein Stück Heimat auf den Teller. Allen anderen möchte ich einfach Appetit auf unsere Küche machen und so laut wie möglich die Werbetrommel für sie rühren. Selbst wenn Sie nie bei mir essen werden: Mögen diese Rezepte Ihnen den Geschmack Vietnams näherbringen und Ihre Küche wenigstens für einen Tag in eine »little viet kitchen«, also eine kleine vietnamesische Küche, verwandeln.

Gebackenes Kabeljaufilet mit Zitronengras

Cá Tuyết Nướng Sa Tế Ớt

Jeder weißfleischige Fisch kommt für dieses Rezept infrage, Kabeljau ist jedoch mein Lieblingskandidat für ein Bad in »sốt sa tế« – Chili-Zitronengras-Marinade. Sein sehr feines Fleisch mit einem Hauch von Süße lässt die Sauce gut einziehen und bringt ihren würzigen Kick zur Entfaltung. Es ist auch schön anzusehen, wie die dunkelrote Sauce in den schneeweißen Kabeljau sickert. Schon mit dem ersten Bissen erfüllt sie den Mund.

Für 2 Personen

- 2 Kabeljaufilets (à 250 g)
- 2 EL Chili-Zitronengras-Marinade (siehe Seite 21), plus extra zum Servieren
- 8 rote Thai-Schalotten, geschält und halbiert
- knusprige Röstschalotten (siehe Seite 25), zum Servieren

Die Kabeljaufilets auf einen Teller legen und mit der Marinade übergießen. Die Marinade rundherum sanft in den Fisch einreiben, sodass er gleichmäßig bedeckt ist. Mindestens 3 Stunden, besser noch über Nacht im Kühlschrank marinieren. Den Kabeljau mindestens 45 Minuten vor der Zubereitung herausnehmen, damit er Zimmertemperatur annehmen kann.

Den Backofen auf 180 °C vorheizen. Die Fischfilets samt Marinade und den Thai-Schalotten auf ein Blech legen. Das Ganze im Ofen 10 Minuten backen, bis der Fisch durchgegart ist. Zur Garprobe mit einer Gabel leicht einstechen. Lässt er sich mühelos zerteilen, ist er fertig, anderenfalls noch 4 Minuten weiter garen.

Und schon kann serviert werden. Die Röstschalotten auf zwei Teller verteilen und die Kabeljaufilets darauf anrichten. Mit weiterer Chili-Zitronengras-Marinade beträufeln, sofern vorhanden, und servieren.

Der Kabeljau lässt sich als leichtes eigenständiges Gericht oder auch mit Reis als vollwertige Hauptmahlzeit servieren. Ich empfehle dazu eine Gemüsepfanne, zum Beispiel pfannengerührten Wasserspinat (siehe Seite 165) oder eine vietnamesische Brokkoli-Knoblauch-Pfanne (siehe Seite 58).

Glasierter Lachs mit grünem Pfeffer

Cá Hồi Kho Tiêu Xanh

Ich habe für dieses Rezept einen bei uns eher unüblichen Fisch gewählt, weil ich etwas suchte, das überall erhältlich ist und gleichzeitig den authentischen Charakter des Gerichts wahrt. Für mich ist Lachs fabelhaft geeignet, weil sein Fleisch saftig und von festerer Struktur ist als weißfleischiger Fisch. Und natürlich, weil er köstlich schmeckt!

Für 4 Personen

Für die Marinade

- 2 TL fein gewürfelter Knoblauch
- 2 Frühlingszwiebeln, nur das Weiße, fein gewürfelt
- 2 EL brauner Rohrohrzucker
- 3 EL Fischsauce
- 3 TL Sesamöl
- 1 TL Karamellsauce (siehe Seite 27)

- 500 g Lachsfilets mit Haut
- 1 EL Pflanzenöl
- 100 g grüne Pfefferkörner
- 250 ml Kokoswasser

Zum Servieren

- 1 Frühlingszwiebel, schräg in Ringe geschnitten
- 6 rote Mini-Chilischoten
- knusprige Röstschalotten (siehe Seite 25)

In einer Schüssel sämtliche Zutaten für die Marinade sorgfältig vermengen. Das Lachsfilet darin wenden, alles 3 Stunden im Kühlschrank marinieren. Etwa 30 Minuten vor der Zubereitung herausnehmen, damit der Lachs Zimmertemperatur annehmen kann.

Die Marinade leicht abwischen – am besten so, dass die festen Bestandteile entfernt werden, ohne dass allzu viel Sauce auf der Strecke bleibt. Den Lachs und die Marinade getrennt beiseitestellen.

In einer Pfanne das Öl bei mittlerer Temperatur auf 160 °C erhitzen. Zur Kontrolle ein Holzstäbchen hineinhalten. Bilden sich erste Bläschen, ist das Öl heiß genug.

Die grünen Pfefferkörner darin 1 Minute pfannenrühren. Den Lachs mit der Haut nach unten einlegen und 3 Minuten braten, bis die Haut knusprig ist. Die Filets wenden. Die Marinade und das Kokoswasser angießen (nicht über die knusprige Haut gießen, sonst wird sie wieder weich). Den Fisch weitere 4 Minuten garen, bis er goldbraun glasiert ist. Die Zutaten in der Pfanne ständig in Bewegung halten, damit sie nicht anbrennen, den Fisch aber möglichst nicht, sonst zerfällt er unter Umständen.

Jetzt kann serviert werden. Die Lachsfilets vorsichtig mit etwas Sauce auf Tellern anrichten und mit den Frühlingszwiebeln, den Chiliringen und den Röstschalotten bestreuen. Dazu passen am besten Reis und/oder eine Gemüsebeilage.

Thunfisch-Ceviche mit Mango und Ananas

Cá Ngừ Đại Dương Sốt Mắm Thơm

Dies ist ein weiterer Favorit meiner Supperclubs, die ich von Zeit zu Zeit veranstalte. Ein leichter und delikater Genuss mit einem Feuerwerk typisch vietnamesischer Aromen. Schnell und einfach in der Zubereitung, doch optisch – und geschmacklich – überaus raffiniert und komplex. Sollte man sich nicht entgehen lassen.

Wie bei dem Carpaccio mit Limettendressing (siehe Seite 204) steht und fällt diese Ceviche mit der Qualität der Zutaten. Also beim Coffee to go mal kürzertreten und das Geld stattdessen beim Fischhändler investieren. Es lohnt sich, versprochen!

Für 4 Personen

500 g ganz frisches Thunfischfilet (Sashimi-Qualität), quer zur Faser in 0,5 cm dünne und 5 cm lange Scheiben geschnitten

Für die Salsa

2 EL Zucker
150 ml Fischsauce
Saft von 3 Limetten
60 g Ananas, fein gewürfelt
¼ unreife Mango, geschält, entsteint und fein gewürfelt
1 EL fein gewürfelter Knoblauch
1 EL fein gehackte Korianderstiele
1 EL fein gewürfelte rote Chilischote
1 EL fein gewürfeltes Zitronengras

In einer Schüssel den Zucker in 20 ml heißem Wasser unter Rühren auflösen. Anschließend die Fischsauce und den Limettensaft einrühren, 10 Minuten stehen lassen, bis die Mischung vollständig abgekühlt ist.

Die restlichen Zutaten für die Salsa sorgfältig einrühren.

Die Thunfischscheiben auf kleinen Tellern ansprechend arrangieren und mit der Salsa überziehen. Oh, hörte ich da jemanden nach Wein fragen?

Wolfsbarsch-Ceviche mit Maracuja und (Blut-)Orange

Cá Vược, Chanh Dây Và Cam Đỏ

Einfache erlesene Eleganz auf einem Teller. Der einzige Nachteil bei diesem Gericht: Eine Portion ist niemals genug.

Für 4 Personen als Vorspeise

1 Blutorange
4 Wolfsbarschfilets ohne Haut, schräg in 3–4 cm lange Scheibchen geschnitten

Für das Dressing
Saft von 1 (Blut-)Orange
Saft von 1 Limette
4 Maracujas, Fruchtfleisch herausgelöst
2 EL Fischsauce
2 EL Zucker
1 EL fein gewürfelte rote Chilischote
1 TL fein gewürfelter Knoblauch

Zum Servieren
knusprige Röstschalotten (siehe Seite 25)
Koriandersprossen oder -blätter
essbare Blüten, nach Belieben

Zunächst die Orange filetieren. Das ist ein bisschen kniffelig, aber wesentlich für dieses Gericht. Dazu die Früchte am Stielansatz und an der Basis nur so weit kappen, dass das Fruchtfleisch zum Vorschein kommt. Die Orange aufrecht auf ein Brett setzen und von oben nach unten der Rundung der Frucht folgend die Schale abschneiden. Darauf achten, dass auch die bittere weiße Haut entfernt wird, ohne dass allzu viel Fruchtfleisch verloren geht. Anschließend die Fruchtsegmente auslösen, dazu links und rechts ganz dicht an den Trennhäutchen entlang einschneiden und das Filet heraustrennen. Sind sämtliche Fruchtfilets ausgelöst, den Saft aus den Resten der Frucht auspressen und mit dem Orangensaft für das Dressing vermengen.

In einer Schüssel sämtliche Zutaten für das Dressing vermengen und umrühren, bis sich der Zucker vollständig aufgelöst hat.

Die Wolfsbarschscheibchen in das Dressing einlegen und behutsam darin wenden.

Den Fisch mit dem Dressing auf einem Teller anrichten und die Blutorangenfilets daneben arrangieren. Mit Röstschalotten und den Kräutern sowie nach Belieben mit essbaren Blüten garnieren, dann sofort servieren.

Garnelenlollis und Garnelen-»Popcorn«

Cây Kẹo Chạo Tôm

Hier mein Rezept für eine Küchensession mit Kindern. Es geht ganz einfach, macht Spaß, natürlich auch einen Haufen Unordnung, die aber schnell beseitigt ist. Die Lollis schmecken himmlisch und sind ein leckerer Einstieg in fernöstliche Aromen.

Wenn ich manchmal sehe, wie meine Schwester ihren Kindern das Essen regelrecht hineinzwängen muss, frage ich mich, wie es sein kann, dass sie nicht hungrig sind. Solange ich zurückdenken kann, waren die Mahlzeiten für mich das Schönste am Tag. Glaubt man meiner Mutter, so musste sie manch Essbares sogar vor mir verstecken. Meine Urgroßmutter wusste um meinen Appetit (und meinen Charme natürlich auch), darum hielt sie immer drei Portionen Naschkram bereit – eine für mich, eine für meine Schwester und die dritte ebenfalls für meine Schwester, nachdem ich ihr die erste abgeschwatzt oder gestohlen hatte.

Hier wollte ich mir etwas für meine Nichte ausdenken. Etwas, das Spaß macht, ein bisschen sündhaft, aber dennoch gesund ist und das sie mit den herrlichen vietnamesischen Aromen vertraut macht. Sie fuhr so sehr darauf ab, dass es diese Lollis sogar auf die Speisekarte im Restaurant schafften und bei Kindern wie Erwachsenen ein Riesenerfolg wurden.

Wenn Sie die Lollis für die Kids zubereiten, lassen Sie die Chilischoten vielleicht besser weg … Oder sie müssen da eben durch … je nachdem, wie hinterlistig Sie sind.

Ergibt 40 Lollis

Für die vietnamesische Chili-Mayo (nach Belieben)
- 3 Eigelb
- 375–400 ml Pflanzenöl
- 1 EL Reisessig
- 1 TL fein gewürfelte rote Chilischote
- 1 TL fein gewürfeltes Zitronengras
- 1 TL knuspriger Knoblauch (siehe Seite 26)
- 1 Prise Salz
- Saft von ½ Zitrone

- 1 l Pflanzenöl, plus 3 EL in einer kleinen Schale zum Rollen
- 300 g Semmelbrösel
- 4 Eier, verschlagen

Für die Mayonnaise, falls verwendet, in einer großen Schüssel das Eigelb verschlagen und unter ständigem Schlagen langsam die Hälfte des Öls einarbeiten, bis die Masse dick und cremig ist. Das dauert mit dem Schneebesen etwa 5 Minuten, mit dem Stabmixer 20 Sekunden. Den Reisessig unterrühren und dann die andere Hälfte des Öls unterschlagen, bis die Mayo die gewünschte Konsistenz hat.

Nun die Chilistücke, das Zitronengras, den knusprigen Knoblauch, das Salz und den Zitronensaft von Hand unterziehen. (Die Mayo hält sich in einer Frischhaltebox im Kühlschrank 2–3 Tage.)

Für die Lollis sämtliche Zutaten für die Garnelenfarce im Mixer 25–30 Sekunden zerhacken. In eine große Schüssel ausleeren und mindestens 3 Stunden kalt stellen. Für eine perfekte elastisch-lockere Konsistenz über Nacht in den Kühlschrank stellen.

Sämtliche Utensilien zum Rollen bereitstellen: das Schälchen mit dem Öl, eine Schale mit den Semmelbröseln und die Schüssel mit den verschlagenen Eiern. Dann kann es losgehen.

Fortsetzung Seite 194

Garnelenlollis und Garnelen-»Popcorn« ...

Für die Garnelenfarce
- 1 kg rohe Garnelen, geschält und entdarmt
- 2 EL fein gehackte Korianderstiele
- 2 EL sehr fein gewürfelte Karotten
- 1 TL fein gehackte rote Chilischote
- 1 EL zerstoßene schwarze Pfefferkörner
- 4 Frühlingszwiebeln, fein gehackt
- 2 TL Zucker
- 1 TL Salz
- 2 TL Fischsauce
- 3 EL Sesamöl

Außerdem
- 40 Lollistiele

Drei Finger in das Öl tauchen und die Handfläche der anderen Hand damit einreiben. Von der Garnelenfarce 1 TL Masse abstechen und zu einer Kugel von der Größe einer Litschi rollen. Diese in das verquirlte Ei tauchen und anschließend in den Semmelbröseln wenden, bis die Kugel rundherum gleichmäßig bedeckt ist. Bis zum Frittieren auf ein Blech legen. So etwa drei Viertel der Masse zu Bällchen formen; den Rest für das »Popcorn« reservieren.

In einem großen Topf 1 l Pflanzenöl bei mittlerer Temperatur erhitzen. Zur Kontrolle ein Holzstäbchen hineinhalten. Bilden sich erste Bläschen, ist es heiß genug. Vorsichtig ein Bällchen in das Öl gleiten lassen – eine Probe, um das Timing zu testen – und 2–3 Minuten frittieren, dabei beständig mit Holzstäbchen und einem Spatel in Bewegung halten, bis es goldgelb und knusprig ist. Mit einer Schaumkelle herausnehmen und auf Küchenpapier entfetten.

Wenn Sie so ticken wie ich, müssen Sie dieses Bällchen einfach essen. Nur um sicherzugehen, dass es okay ist. Jetzt ist Gelegenheit, das Timing zu justieren, damit sämtliche Lollis perfekt gelingen.

Nun so viele Bällchen in das heiße Öl geben, wie der Topf fasst, ohne dass sie sich berühren. Die Bällchen erneut während des Frittiervorgangs ständig in Bewegung halten und je nach Größe nach 2–3 Minuten herausheben, auf Küchenpapier abkühlen lassen.

Für das Garnelen-»Popcorn« aus der restlichen Garnelenfarce je ½ TL Masse abstechen und zu Bällchen von der Größe einer Weintraube formen. Hier empfehle ich, die Semmelbrösel wegzulassen, damit die Bällchen eine etwas andere Struktur bekommen – keine Sorge, sie sind genauso lecker. Das Garnelen-»Popcorn« ebenso frittieren wie die Lollis.

Zum Servieren die Bällchen auf die Lollistiele stecken. Das Popcorn in einer Schüssel anrichten und alles mit einer großzügigen Portion Chili-Mayo servieren.

Entenconfit mit Pho-Aromen und Soja-Enteneidotter

Vịt Nướng Mỡ Và Trứng Vịt Ngâm Nước Tương

Ich wollte etwas kreieren, das die hervorstechenden Aromen unseres Nationalgerichts Pho einfängt, sich aber westlicher Küchentechniken bedient. Ein Confit erschien mir da ideal, weil das Fleisch dabei so zart und saftig gerät und die Haut so wunderbar goldbraun und knusprig, dass schon der erste Bissen göttlich schmeckt! Kombiniert mit den herrlichen Pho-Aromen von Sternanis, Zimt und Koriander ist das hier ein absoluter Hochgenuss!

Für 4 Personen

- 2 TL trockene Pho-Gewürzmischung (siehe Seite 21)
- 2 TL Salz
- 4 Entenkeulen
- 2 kg flüssiges Entenschmalz

Zum Servieren

- 4 TL Chili-Zitronengras-Marinade (siehe Seite 21)
- 300 g gegarter Jasminreis
- 4 Soja-Enteneidotter (siehe Seite 24)
- 4 Handvoll Basilikum
- 1 Frühlingszwiebel, in feine lange Fäden ziseliert
- 2 EL knusprige Röstschalotten (siehe Seite 25)

In einer kleinen Schale die Pho-Gewürzmischung mit dem Salz vermengen.

Die Entenkeulen sorgfältig mit Küchenpapier abtrocknen und anschließend gründlich mit der Würzmischung einreiben, sodass sie gleichmäßig damit bedeckt sind. Über Nacht im Kühlschrank ziehen lassen.

Den Backofen auf 150 °C vorheizen.

Die Entenkeulen aus dem Kühlschrank nehmen und die Gewürze sanft abreiben. Die Keulen vor jeder Art von Feuchtigkeit schützen – das nächtliche Marinieren dient dem Zweck, der Haut so viel Wasser wie möglich zu entziehen und mit Entenfett wieder aufzufüllen. Ja, das klingt ziemlich ungesund, ich weiß, dafür wird dieses Gericht auch unverschämt lecker!

Die Entenkeulen in einen gusseisernen Schmortopf legen und mit dem flüssigen Entenschmalz übergießen. Die Keulen sollten mindestens 2 cm hoch davon bedeckt sein.

Die Keulen im Ofen 2 Stunden garen. Herausnehmen und im Topf 10 Minuten abkühlen lassen.

Eine große Pfanne bei mittlerer Temperatur vorheizen. Die Entenkeulen aus dem Schmortopf nehmen, mit der Haut nach unten in die Pfanne legen und 7–8 Minuten braten, bis die Haut goldbraun und knusprig ist. Umdrehen und die andere Seite 10 Sekunden bräunen. Vom Herd nehmen.

Die Keulen auf Tellern anrichten und jeweils mit 1 TL der Chili-Zitronengras-Marinade beträufeln. Mithilfe eines Stellringes jeweils 1 Portion Reis mit 1 Soja-Enteneidotter darauf hinzufügen. Mit 1 kleinen Handvoll Basilikum sowie den Frühlingszwiebeln garnieren. Abschließend noch mit einigen Röstschalotten bestreuen und servieren.

Ein nützlicher Hinweis … Reste von Entenkeule halten sich im Kühlschrank bis zu 6 Monate, solange sie stets vollständig mit dem Fett bedeckt sind.

Und nun zurücklehnen und das förmlich vom Knochen fallende, pho-gewürzte Entenfleisch genießen – und die kurze Stille in freudiger Erwartung am Tisch, bevor alle zulangen!

Knusprige Zucchiniblüten gefüllt mit Zitronengrasgarnelen

Bông Bí Nhồi Tôm

Von außen eine Augenweide, von innen ein Hochgenuss, was will man mehr? In meinem Restaurant »The Little Viet Kitchen« sind diese Zucchiniblüten eine allzeit beliebte Spezialität. Auch Ihre Gäste werden begeistert sein!

Für 5 Personen als Teil einer Auswahl oder für 2–3 Personen als Vorspeise

Für die Füllung
300 g gegarte Garnelen, geschält und entdarmt
1 EL fein gehacktes Zitronengras
1 EL zerstoßene schwarze Pfefferkörner
3 Frühlingszwiebeln, fein gehackt
1 TL Zucker
1 TL Chili-Zitronengras-Marinade (siehe Seite 21)
1 TL Fischsauce
1 EL Sesamöl

150 g Mehl
15 Zucchiniblüten, Stempel und Staubgefäße entfernt
500 ml Pflanzenöl

Für die Füllung sämtliche Zutaten im Mixer 25–30 Sekunden zu einer groben Paste zermahlen. In eine große Schüssel ausleeren und mindestens 3 Stunden kalt stellen. Noch besser wird das Ergebnis, wenn die Füllung über Nacht im Kühlschrank durchzieht.

Für den Teig in einer Schüssel das Mehl mit 250 ml Wasser sorgfältig verrühren, bis die Mischung ganz glatt und klumpenfrei ist. Sie sollte die Konsistenz von dickem Rahm haben.

Eine Zucchiniblüte aufnehmen und 1 TL der Füllmasse einfüllen, am oberen Ende etwa 2 cm Luft lassen. Zum Verschließen die Spitze der Blüte zudrehen. So sämtliche Blüten füllen und auf einem Blech beiseitelegen.

In einem großen Topf das Öl bei mittlerer Temperatur auf 160 °C erhitzen. Zur Kontrolle ein Holzstäbchen hineinhalten. Bilden sich erste Bläschen, ist es heiß genug.

Den Teig noch einmal durchrühren. Die gefüllten Blüten einzeln ganz hineintauchen, dann vorsichtig in das heiße Öl gleiten lassen und je nach Größe 4–5 Minuten goldbraun und knusprig frittieren.

Diese Zucchiniblüten schmecken ausgezeichnet als Vorspeise mit einem klassischen Fischsaucendip (siehe Seite 28), ebenso wie als Teil einer traditionellen vietnamesischen Tafel.

Garnelenturm

Tôm Tẩm Bột Chiên Xào Giòn

Wie der Name bereits verrät, ist dies ein absoluter Knüller. Saftige Garnelen mit vietnamesischen Aromen: Dies ist definitiv ein Turm der schönen Aussichten.

Man kann den Garnelenturm als Vorspeise oder Teil einer größeren Auswahl an Speisen servieren, oder, wenn Sie auf Reis so stehen wie ich, mit reichlich Fischsauce zum Dippen (siehe Seite 28) als Hauptgericht. Auch auf einer frischen Salat-Nudel-Schale sind die Garnelen eine schmackhafte Option.

Köstlich, vielseitig und ein Hingucker: Dieses Gericht gehört zu meinen absoluten Favoriten.

Für 6 Personen

12 rohe Riesengarnelen, mit Kopf
120 g Maisstärke
500 ml Pflanzenöl
6 Bambusspieße
3 Limetten, halbiert
Salz-Pfeffer-Limetten-Dip (siehe Seite 27), zum Servieren

Zum Würzen

90 ml Annatto-Öl (siehe Seite 22)
60 g fein gehackter frischer Ingwer
2 EL fein gehackter Knoblauch
1 EL Sojasauce
1 EL Zucker
4 EL Chili-Zitronengras-Marinade (siehe Seite 21)
3 Frühlingszwiebeln, fein gehackt
40 g knusprige Röstschalotten (siehe Seite 25)
40 g knuspriger Knoblauch (siehe Seite 26)

Die Garnelen durch den Rückenpanzer der Länge nach einschneiden und die dunklen Därme herausziehen. Die Garnelen in eine Schüssel legen. Ein Blech mit Küchenpapier auslegen. Die Maisstärke in eine Schüssel streuen.

In einem Topf das Öl bei mittlerer Temperatur auf 160 °C erhitzen. Zur Kontrolle ein Holzstäbchen hineinhalten. Bilden sich erste Bläschen, ist es heiß genug.

Die Garnelen mit etwas Maisstärke bestäuben, vorsichtig in das heiße Öl gleiten lassen und 2–2½ Minuten darin frittieren, bis sich die Schale rosa gefärbt hat und knusprig ist. Auch die dünne Stärkeschicht nimmt ein wenig Farbe an. So sämtliche Garnelen frittieren und anschließend auf dem vorbereiteten Blech entfetten.

In einer großen Pfanne das Annatto-Öl bei hoher Temperatur erhitzen. Ingwer und Knoblauch darin 2 Minuten pfannenrühren. Die Sojasauce und den Zucker einrühren, alles 1 weitere Minute garen.

Die Chili-Zitronengras-Marinade und die Frühlingszwiebeln hinzufügen. Alles mit dem Spatel die folgenden 30 Sekunden beständig umrühren und in Bewegung halten.

Nun die Garnelen hineingeben und pfannenrühren, bis sie rundherum gleichmäßig mit den Würzzutaten überzogen sind. Die Pfanne vom Herd nehmen, die Röstschalotten und den knusprigen Knoblauch unter die Garnelen ziehen.

Nun geht es an den Turmbau. Wer sich jetzt noch beherrschen kann und nicht gleich heißhungrig über die Garnelen herfällt, ist stärker als ich!

Mit dem spitzen Ende eines Bambusspießes eine Limettenhälfte aufspießen und bis ganz ans andere Ende schieben. Dies ist gewissermaßen der Sockel des Garnelenturms, er sollte von allein stabil aufrecht stehen. Nun nach und nach die Garnelen aufspießen, 3 oder 4 pro Spieß, oder eben so hoch, wie der Turm werden soll.

In kleinen Schälchen den Salz-Pfeffer-Limetten-Dip dazu reichen.

Carpaccio mit Limettendressing

Bò Tái Chanh

Ein prächtiges Stück zartes Rinderfilet, so hauchdünn geschnitten, dass es förmlich auf der Zunge zergeht. Säuerlich, süß, salzig, pikant, butterweich und doch mit Biss: ein Genuss, der den Geschmack Vietnams perfekt einfängt.

Dies ist vermutlich mein Lieblingssalat und das Gericht, das von meinen Supperclubgästen das meiste Lob erntet. Ich greife gern zu besonderen Anlässen darauf zurück und wenn ich die vietnamesische Küche von ihrer besten Seite zeigen möchte. Die Vorbereitungen sind etwas zeitaufwendig, zumal für ein *nhậu*-Gericht, aber die Mühe zahlt sich aus.

Ehrlich gesagt bereite ich dieses Carpaccio nicht allzu oft zu, und wenn, dann nur aus dem allerfeinsten Filet. Den Unterschied in der Qualität schmeckt man sehr deutlich. Es mag mehr kosten, aber der Genuss ist unvergleichlich.

Ich erinnere mich noch, wie ich »bò tái chanh« zum ersten Mal aß. Ich war aufgeregt und ängstlich zugleich. Das »nhậu«-Gericht war bei uns meist meinem Vater und seinen Freunden vorbehalten. Ich hörte die Geräusche, die sie beim Essen machten, die Komplimente, die meine Mutter alle paar Sekunden erntete. Neugierig und wie immer hungrig fragte ich meine Mutter, ob ich mal probieren dürfte. Sie sah mich an, überrascht und ein bisschen besorgt, weil sie meine Seifenblase schon platzen sah. Es sei rohes Fleisch, klärte sie mich auf, und darum nur für Erwachsene. Nicht gegart? Das klang unheimlich. Heute weiß ich, dass das nicht ganz richtig ist – der saure Limettensaft »gart« das Fleisch sehr wohl ein wenig – aber das wusste ich mit meinen damals neun Jahren natürlich nicht. Ich beschloss, tapfer zu sein und endlich diese ganze Aufregung zu verstehen.

Also angelte ich mir mit meinen Essstäbchen einen kleinen Bissen, legte die andere Hand auf meine Brust, schloss die Augen und … rein damit. In meinem Mund explodierten die herrlichsten Aromen. Ich merkte nicht einmal, dass das Fleisch roh war – es schmolz dahin, geölt von Kräutern und Gewürzen, und mittendrin knackten knusprig die Erdnüsse. Liebe auf den ersten Bissen, könnte man sagen. Ich war überglücklich, dass ich es mochte, und fühlte mich gleich wie eine Erwachsene. Von jenem Tag an klimperte ich bei jeder Gelegenheit mit den Augen, um meinem Vater ein Stäbchenvoll abzuluchsen.

Ich habe das traditionelle Rezept meiner Mutter aus dem Süden des Landes über die Jahre ein wenig modifiziert und freue mich, es Ihnen hier vorzustellen.

Bereiten Sie »bò tái chanh« möglichst erst unmittelbar vor dem Servieren zu. So bleiben Kräuter und Papaya knackig und frisch. Der Weg aus der Schüssel in den Magen sollte so bald wie möglich erfolgen.

Fortsetzung Seite 204

Carpaccio mit Limettendressing ...

Für 2–3 Personen

Für die Marinade

90 ml Limettensaft
30 g fein gewürfelte frische Ananas
30 g in feine Streifen geschnittene Papaya
4 EL Fischsauce
2 EL feiner Zucker
1 EL fein gewürfelte rote Chilischote
1 EL fein gewürfelter Knoblauch

400 g Rinderfilet, in feine, 5 cm lange Streifen geschnitten
1 EL fein gehackte Korianderstiele
1 Zwiebel, in dünne Streifen geschnitten
2 rote Chilischoten, in dünne Ringe geschnitten
1 EL fein gewürfeltes Zitronengras
150 ml klassischer Fischsaucendip (siehe Seite 28)

Zum Servieren

1 Frühlingszwiebel, in 5 cm lange dünne Streifen geschnitten
1 unbehandelte Limette, ½ in Spalten geschnitten, von der anderen die Schale abgerieben

In einer kleinen Schüssel sämtliche Zutaten für die Marinade sorgfältig verrühren.

In einer rechteckigen Form das Fleisch nebeneinander gleichmäßig auf dem Boden ausbreiten und mit der Marinade übergießen. Die Form hin und her neigen, damit sie das Fleisch gleichmäßig überzieht. Das Ganze 20 Minuten bei Zimmertemperatur marinieren.

Inzwischen in einer Schüssel Korianderstiele, Zwiebel, Chilischoten und Zitronengras vermengen. Den Fischsaucendip angießen, alles mit den Händen gleichmäßig durchheben und auf Tellern anrichten.

Das marinierte Rindfleisch auf den Tellern arrangieren, mit den Frühlingszwiebeln und den Limettenspalten garnieren, mit Limettenabrieb bestreuen. Schon kann serviert werden. Reste der Garniturzutaten in kleinen Schalen dazu reichen, sodass jeder nachnehmen kann.

Dieses Carpaccio schmeckt umwerfend, es kann aber auch umwerfend aussehen, wenn man beim Anrichten und Garnieren mit ein bisschen Kreativität an die Sache herangeht.

Gebratenes Wolfsbarschfilet

Cá Chiên Xả Ớt

Fisch, einfach und köstlich. Diesen hier würde ich mit einem frischen Salat servieren oder auf einer Schale Nudeln, Anregungen dazu finden Sie reichlich in diesem Buch. Und in »bánh mì« serviert (siehe Seite 22) ist der Fisch schlicht zum Reinsetzen!

Für 2 Personen

Für die Marinade
3 TL Sesamöl
1 TL Sojasauce
1 TL Fischsauce
2 TL fein gehacktes Zitronengras
1 TL fein gewürfelter Knoblauch
1 rote Chilischote, fein gewürfelt

2 (à 100 g) Wolfsbarschfilets mit Haut
4 EL Pflanzenöl
Limettenspalten zum Servieren

Für die Marinade in einer kleinen Schüssel sämtliche Zutaten gründlich verrühren.

Die Haut der Wolfsbarschfilets ganz leicht einritzen, jedoch nicht ins Fleisch schneiden. Die Marinade rundherum sorgfältig in den Fisch einreiben und im Kühlschrank mindestens 30 Minuten marinieren. Idealerweise den Fisch 3 Stunden marinieren, sofern Sie die Zeit erübrigen können.

Den Fisch 10 Minuten vor dem Braten aus dem Kühlschrank nehmen, damit er Zimmertemperatur annehmen kann.

In einer Pfanne das Öl bei mittlerer Temperatur erhitzen. Zur Kontrolle ein Holzstäbchen hineinhalten. Bilden sich erste Bläschen, ist es heiß genug.

Die Filets mit der Haut nach unten einlegen und 3 Minuten braten. Umdrehen und von der anderen Seite 2 Minuten braten. Hier sollte die Haut knusprig werden, während das Fleisch möglichst saftig bleiben soll, also auf keinen Fall zu lange garen! Die Haut sollte goldbraun, das Fleisch schneeweiß und nicht mehr glasig sein.

Mit Limettenspalten zum Auspressen servieren. Köstlich!

In Kokos geschmorte Rinderrippchen

Sườn Bò Khô Nước Dừa Và Trứng Vịt Ngâm Nước Tương

Ein herrlicher Duft von Rindfleisch und Gewürzen erfüllt Ihre Küche, wenn Sie dies zubereiten. Das zarte aromatische Fleisch zergeht auf der Zunge, hat aber durchaus noch Biss und Substanz. Die Gewürze sind bei jedem Bissen sofort präsent, bis sie die süßliche Kokosnote ein wenig besänftigt.

Wenn ich ein Gericht kreiere, strebe ich auch nach diesem kurzen Moment der Stille, der dem ersten Bissen folgt. An einem vietnamesischen Esstisch ist es mucksmäuschenstill, wenn die Qualität des Essens Worte überflüssig macht. Dieses Gericht schafft das immer. Laden Sie Ihre redseligsten Freunde ein und erleben Sie, wie das Wunder geschieht.

Für 4 Personen als Teil einer Auswahl

4 Stücke Querrippe à 250 g, möglichst fleischig
2 TL Salz
4 TL Pflanzenöl
4 Soja-Enteneidotter (siehe Seite 24), zum Servieren

Für die Marinade

2 l Kokoswasser
6 Sternanis
1 Zimtstange
3 Stängel Zitronengras, halbiert und zerdrückt
3 rote Chilischoten, längs halbiert
4 EL Fischsauce
4 EL Zucker
½ TL Salz

Die Rippchen sorgfältig mit Salz einreiben und 30 Minuten einwirken lassen.

Den Backofen auf 150 °C/130 °C Umluft vorheizen.

In einer geriffelten Grillpfanne 4 TL Pflanzenöl bei mittlerer Temperatur erhitzen und die Rippchen von jeder Seite 1 Minute anbraten. Herausnehmen und 5 Minuten ruhen lassen, während Sie die Marinade vorbereiten.

Sämtliche Zutaten für die Marinade in einer großen Schmorpfanne verrühren. Die Rippchen einlegen und zugedeckt im Ofen 4 Stunden schmoren.

Die Rippchen jeweils mit einer großzügigen Portion Jasminreis sowie 1 Soja-Enteneidotter darauf auf Tellern anrichten und servieren. Dazu passt eine Gemüsebeilage oder ein frischer grüner Salat.

Glasiertes Rindersteak mit grünem Pfeffer

Thịt Bò Hạt Tiêu Xanh

Blutig zubereitetes Rindfleisch ist ziemlich ungewöhnlich auf einem vietnamesischen Esstisch. Es gibt natürlich einige Ausnahmen, allen voran Pho, auch unter den »nhậu«-Gerichten gibt es sie, darunter Carpaccio oder Entenblutsalat.

Da ich den größten Teil meines Lebens in London verbracht habe, umgeben von einer fantastischen Auswahl erstklassiger Restaurants, habe ich den feinen Geschmack und die zarte Konsistenz eines blutig gebratenen Stücks Fleisch bald zu schätzen gelernt.

Dieses Rezept ist inspiriert von jenem westlich geprägten Stil, aber auch ein Ausbund an vietnamesischen Aromen - das Beste aus beiden Welten.

Für 2 Personen

12 kleine Rispentomaten
8 rote Thai-Schalotten, geschält und halbiert
3 EL Olivenöl
500 g Rinderfilet
4 Prisen Salz
4 Prisen zerstoßener schwarzer Pfeffer
2 EL Pflanzenöl
200 g Brunnenkresse, gewaschen und abgetropft
1–2 EL Salatdressing mit Fischsauce und Limettensaft (siehe Seite 28), zum Beträufeln

Für die Grünpfefferglasur

4 EL Sesamöl
1 EL fein gewürfelter Knoblauch
1 EL fein gewürfeltes Zitronengras
150 g grüne Pfefferkörner
4 EL Sojasauce
2 EL Zucker
1 EL fein gewürfelte rote Chilischote

Den Backofen auf 200 °C vorheizen.

Für die Grünpfefferglasur in einem kleinen Topf das Sesamöl bei mittlerer Temperatur auf 160 °C erhitzen. Zur Kontrolle ein Holzstäbchen hineinhalten. Bilden sich erste Bläschen, ist es heiß genug.

Den Knoblauch, das Zitronengras und die grünen Pfefferkörner hineingeben und 3 Minuten anschwitzen. Die Sojasauce und den Zucker hinzufügen, 1 weitere Minute garen und dabei ständig rühren, sonst verbrennt der Zucker, wenn man nicht aufpasst. Die Chilischoten unterrühren, den Topf vom Herd nehmen und beiseitestellen.

Die Tomaten und die Thai-Schalotten auf einem Backblech verteilen, mit dem Olivenöl beträufeln und im Ofen 10–12 Minuten rösten, bis die Schale der Tomaten aufplatzt und ihr Saft austritt.

Das Rinderfilet in 2 Steaks schneiden und von jeder Seite mit je 1 Prise Salz und zerstoßenem schwarzem Pfeffer einreiben.

In einer Pfanne das Pflanzenöl bei hoher Temperatur kräftig erhitzen. Sobald es heiß ist, die Filetsteaks einlegen (die folgenden Zeitangaben können je nach Dicke der Steaks variieren, also entsprechend anpassen).

Die Filets 1 Minute braten, wenden und von der anderen Seite 1 weitere Minute braten. Anschließend die Ränder bräunen. Das Fleisch sofort aus der Pfanne nehmen und auf einem Brett 5 Minuten ruhen lassen.

Zum Servieren die Brunnenkresse auf die Teller verteilen. Die gerösteten Tomaten und Thai-Schalotten darauf anrichten und mit dem Salatdressing beträufeln.

Die Steaks nach dem Ruhen quer zur Faser in 1 cm dicke Tranchen schneiden. Auf dem Salat anrichten, mit der Grünpfefferglasur überziehen und servieren.

Süße Genüsse

Süße Genüsse

Süßspeisen genießen die Vietnamesen nicht so sehr als Abschluss einer Mahlzeit, eher als kleine Nascherei zwischendurch, etwa als Straßensnack oder auch zu festlichen Anlässen wie Hochzeiten, an Geburtstagen oder zum Tết (Neujahr). Im Alltag kommen sie nur sehr selten auf den Tisch. Während der Vorbereitungen zum Tết verbringen die Frauen viele Stunden mit der Zubereitung der festlichen Süßspeisen. Es ist eine schöne Zeit, in der viel erzählt und gelacht wird. Ich liebe das Neujahrsfest vor allem wegen dieser fröhlichen gemeinsamen Zeit mit der Familie.

Auf einer vietnamesischen Hochzeit spielen Süßspeisen eine wichtige Rolle. Die Süße symbolisiert die Lieblichkeit der Verbindung und drückt die Hoffnung aus, sie möge in der Ehe fortbestehen. Das gemeinsame Genießen verheißt dem Paar Glück und alles Gute für die Zukunft. Traditionell überbringt die Familie des Bräutigams der anderen Seite Früchte und Gebäck als Geschenk und Willkommensgruß für die Braut sowie als Zeichen des Wohlwollens zwischen den Familien.

Vietnamesische Süßspeisen sind im Grunde ein Hoch auf das Leben. Zutaten werden oft kombiniert, weil in ihrem Wortlaut eine positive Bedeutung anklingt. Wie zum Beispiel: Papaya und Mango. Papaya heißt auf Vietnamesisch »đu đủ« und Mango »xoài«. Beides hintereinander gesprochen klingt wie »đủ xài«, was etwa »auskömmlich viel Geld haben« bedeutet. In anderen Fällen ist die Speise selbst mit einer bestimmten Bedeutung aufgeladen. So isst man zum Beispiel »xôi« zum Tết, weil der klebrige Reis eine gute Freund- oder Partnerschaft im kommenden Jahr symbolisiert. Wieder andere Desserts und Süßigkeiten werden rot oder golden gefärbt, ein Symbol für Erfolg, Glück und Reichtum.

In der vietnamesischen Kultur geht es also bei süßen Genüssen mehr um die Geste als um den eigentlichen Verzehr. Es sind persönliche Gaben, die mehr sagen, als Worte ausdrücken können. So sind die Speisen mehr als ihr bloßer »Nährwert«, sie sind Symbol und Ausdruck für Zuneigung. Meine Urgroßmutter pflückte gern die Früchte vom Tamarindenbaum, überzog sie mit Zucker und gab sie bunt verpackt uns Kindern, eine hausgemachte Nascherei. Sie sagte immer, ein Mensch, der genug hat, kann auch etwas abgeben. Eine kleine Weisheit, die ich fürs Leben gelernt habe.

Als Kind wusste ich, es stand etwas Schönes bevor, wenn Süßigkeiten auf dem Tisch auftauchten. Am besten schmeckt es, wenn man glücklich ist, und das gilt für mich ganz besonders für vietnamesische Süßspeisen, da gerade sie die schönsten Erinnerungen bergen. Auf dem Markt gab es eine Händlerin, die »chè bắp« (Mais-Kokos-Pudding) verkaufte. Ging es zum Markt, rannten meine Schwester und ich gleich immer ganz aufgeregt zu ihr, in der Hoffnung, ein Schälchen zu bekommen. Und wie wir uns freuten, wenn Mutter ausnahmsweise lächelnd nickte. Das war ein echtes Highlight, bedeutete es doch, dass sie am Tag zuvor sämtliche Eier verkauft und ein bisschen Geld übrig hatte. Ich freute mich riesig auf diese Tage. Da sie so selten waren, genoss ich sie umso mehr. Bis heute stehe ich auf diesen süßen cremigen Mais-Kokos-Pudding mit den knusprigen Erdnüssen darauf.

Desserts und Süßigkeiten sind in Vietnam gewöhnlich von einfachen Aromen geprägt, anders als herzhafte Speisen, die voller Kontraste und vielschichtiger Aromen sind. Süßes ist nicht übermäßig kompliziert, wenngleich jede Region eigene Spielarten von Rezept und Methode kennt.

In diesem Kapitel finden Sie Rezepte aus dem Mekongdelta, mit denen ich aufgewachsen bin. Es sind Süßigkeiten, die meine Mutter für uns zubereitete und schon Großmutter für sie gemacht hatte, als sie selbst noch ein Kind war. Ich hoffe, sie bringen Ihnen genauso viel Freude und schöne Erinnerungen wie mir.

Süße Ingwer-Mungbohnen-Klöße

Chè Trôi Nước

Dieses Dessert ist in jeder vietnamesischen Familie eine traditionelle Neujahrsnascherei und dank der fein abgestimmten Balance zwischen salzig und süß, die wir Vietnamesen so lieben, ein Dauerbrenner. Die pikante Ingwernote trägt das Ihre dazu bei.

Ergibt 24 Stück

Für die Füllung
150 g getrocknete Mungbohnen
1 EL Olivenöl
½ TL Salz
½ Frühlingszwiebel, nur das Grüne, in Röllchen geschnitten
20 g Kokosraspel

Für die Ingwersauce
200 g brauner Rohrohrzucker
50 g frischer Ingwer, gerieben

Für den Teig
450–500 g Klebreismehl
½ TL Salz

Zum Servieren
400 ml cremige Kokossauce (siehe Seite 27)
geröstete Erdnüsse (nach Belieben, siehe Seite 26), zerstoßen

In einer großen Schüssel die Mungbohnen 30 Minuten in kaltem Wasser einweichen.

Für die Ingwersauce in einem kleinen Topf 45 ml Wasser zum Kochen bringen. Den Zucker und den Ingwer hineingeben und umrühren, bis sich der Zucker aufgelöst hat. Vom Herd nehmen und abkühlen lassen. Die Sauce sollte nur ganz leicht sämig sein.

Für den Teig in eine Schüssel das Mehl und das Salz geben, 450 ml kaltes Wasser sorgfältig einarbeiten. Beiseitestellen.

In einem Topf die Mungbohnen mit 750 ml kaltem Wasser bedecken und zum Kochen bringen. Die Temperatur sofort auf niedrige Stufe herunterstellen und die Mungbohnen 20–25 Minuten leise köcheln lassen, bis sie ganz weich sind und das Wasser fast vollständig verdampft ist. Dabei gut aufpassen, die Bohnen verbrennen leicht. Die Bohnen in eine Schüssel ausleeren und beiseitestellen.

In einem kleinen Topf das Öl, das Salz, die Frühlingszwiebeln und die Kokosraspel vermengen, alles 1 Minute anschwitzen. Die Mischung vom Herd nehmen, zu den Mungbohnen in die Schüssel geben und sorgfältig unterrühren.

Ein wenig Teig aufnehmen und auf der Handfläche zu einem runden Fladen von 7 cm Durchmesser und 0,5 cm Dicke ausbreiten. Etwa 2 TL der Mungbohnenmasse in die Mitte setzen, die Ränder des Fladens über die Füllung schlagen und zu einem Kloß von etwa der Größe eines Golfballs formen. Überschüssigen Teig entfernen, die Teighülle sollte möglichst glatt, gleichmäßig dick und lückenlos sein.

So die gesamte Füllmasse verarbeiten. Aus dem restlichen Teig weitere Klößchen ohne Füllung von der Größe einer Murmel formen. Auch sie sind unverschämt lecker!

In einem mittelgroßen Topf 1 l Wasser zum Kochen bringen. Immer nur einige Klöße gemeinsam hineingeben, damit sie sich nicht berühren, und etwa 5 Minuten garen. Sobald sie glasig sind und an die Oberfläche steigen, sind sie fertig. So sämtliche Klöße – große wie kleine – garen.

Pro Portion 1 großen gefüllten Kloß und einige kleine anrichten und mit je 2 EL Ingwer- und Kokossauce garnieren.

Nun zurücklehnen und die Klöße gemeinsam mit Freunden genießen – oder, wenn Sie der Heißhunger plagt, alle allein verputzen!

Gedämpfter Bananen-Kokos-Kuchen

Bánh Chuối Nước Cốt Dừa

Wer gern Bananen isst, wird diesen köstlichen Kuchen lieben. Die typisch vietnamesische süßsalzige Note der Kokossauce macht sich auch hier ausgesprochen gut … aber meine Schwäche für Kokoscreme ist ohnehin so groß, dass ich sie über nahezu alles gießen könnte!

Für 1 Kuchen von 23 cm Durchmesser

1 TL Butter zum Einfetten

Für den Kuchen

500 g reife Bananen (etwa 3 Stück), geschält und in 1 cm dicke Scheiben geschnitten
60 g brauner Rohrohrzucker
1 Prise Salz
1 TL Vanilleextrakt oder Mark von 1 Vanilleschote
220 g Tapiokastärke

Zum Servieren

cremige Kokossauce (siehe Seite 27), leicht erwärmt oder zimmerwarm (nach Belieben)
2 EL geröstete Erdnüsse (siehe Seite 25), zerstoßen

In einer großen Schüssel die Bananen mit dem Zucker, dem Salz und der Vanille vermengen. Alles 30 Minuten durchziehen lassen. Die süßen reifen Bananen entfalten in Verbindung mit den anderen Zutaten ein herrliches Aroma; der Duft wird Ihnen jetzt schon den Mund wässrig machen.

Nun 400 ml Wasser sowie die Tapiokastärke dazugeben. Sorgfältig verrühren, bis sich die Stärke vollständig aufgelöst hat.

Den Boden einer runden Backform von 23 cm Durchmesser mit der Butter einfetten und die Teigmasse einfüllen. Es darf ruhig ein bisschen uneben zugehen und das eine oder andere Bananenstückchen herausgucken.

In einem großen Dämpftopf Wasser zum Kochen bringen. Die Backform in den Dämpfeinsatz einsetzen, den Deckel auflegen und die Temperatur auf niedrige Stufe herunterstellen. (Oder einen großen Topf mit wenig Wasser füllen und die Form auf einem Dreifuß oder einem Förmchen hineinstellen, sodass sie das Wasser nicht berührt.) Den Kuchen 20 Minuten dämpfen, nach 10 Minuten kurz den Deckel abnehmen und das Kondenswasser sorgfältig abwischen (damit es nicht auf den Kuchen herabtropft). Geduld haben, mit niedriger Temperatur arbeiten, cool bleiben. Zu große Hitze lässt den Kuchen zu schnell aufgehen, sodass er später wieder zusammenfällt. Das ist auch kein schlechter Rat fürs Leben, oder?

Die Form vorsichtig aus dem Dämpfeinsatz nehmen. Der Kuchen sollte hellgelb und von leicht durchscheinender Erscheinung sein. Einen Zahnstocher oder Spieß in der Mitte einstechen, kommt er trocken und sauber wieder heraus, ist der Kuchen fertig. Falls nicht, den Kuchen wieder einsetzen und noch einige Minuten weiter garen.

Den Kuchen vor dem Anschneiden vollständig abkühlen lassen und das Messer dazu mit kaltem Wasser geschmeidig machen. Traditionell wird er in Rautenform serviert, aber es ist Ihr Kuchen und den servieren Sie, wie Sie möchten.

Vor dem Servieren mit warmer (nach Belieben) Kokossauce übergießen und mit den gerösteten Erdnüssen bestreuen. Alternativ eignet sich auch gerösteter weißer Sesam.

Mais-Kokos-Pudding

Chè Bắp Nước Cốt Dừa

Der Sonnenschein in einer Schale! Der sonnengelbe Mais scheint immer meinen Namen zu rufen, wenn ich an einem Stand vorbeigehe, der diese Nascherei verkauft. Vielleicht liegt es daran, dass ich als Kind so selten in den Genuss kam, jedenfalls wüsste ich nicht, dass ich als Erwachsene jemals vorübergegangen wäre, ohne schwach zu werden!

Für 6 Personen

- 250 g getrocknete geschälte Mungbohnen
- 1 EL geröstete Erdnüsse (siehe Seite 26)
- 6 Maiskolben
- 3 Dosen (à 400 ml) Kokosmilch
- 1 Dose (à 400 ml) Kokoscreme
- 200 g Zucker

Zum Servieren

- 400 ml cremige Kokossauce (siehe Seite 27), leicht erwärmt oder raumtemperiert (nach Belieben)
- 1 EL getrocknete Kokosraspel, geröstet

In einer Schüssel die Mungbohnen 1 Stunde in kaltem Wasser einweichen.

Im Mörser die Erdnüsse zu kleinen Stücken zerstoßen, jedoch nicht zu einer Paste zermahlen. Sie sollten noch stückig sein und Biss haben.

Mit einem scharfen Messer die Maiskörner von den Kolben hobeln. Die Körner möglichst dünn abschneiden, in etwa drei oder vier Schichten. Je mehr Sie sich dabei der Basis nähern, desto größer wird der Widerstand. An diesem Punkt nicht weiterschneiden, dieser Teil des Kolbens würde dem Ergebnis eine unangenehm zähe Konsistenz verleihen. Den gehobelten Mais vorerst beiseitestellen.

Die Mungbohnen abgießen und in einem Topf mit der Kokosmilch bei mittlerer Temperatur aufkochen. Alles 25 Minuten garen. Dann den Mais und die Kokoscreme dazugeben und bei mittlerer Temperatur weitere 15–20 Minuten garen. Wenn die Bohnen appetitlich weich und cremig sind, ist der Pudding fertig, also nach 15 Minuten Garzeit regelmäßig kontrollieren. Den Topf vom Herd nehmen.

Den Pudding in kleinen Schalen anrichten, mit Kokosraspeln bestreuen und servieren.

Pudding mit Schwarzaugenbohnen

Chè Đậu Trắng

Dies ist ein simpler hausgemachter Nachtisch, den meine Mutter oft am Wochenende für uns bereitete. Sie machte die Naschereien für uns Kinder lieber selbst, so wusste sie immer genau, wie viel Zucker drin ist. Natürlich bremste das nicht meinen Appetit auf Schokolade und Süßigkeiten, doch ein Schälchen von diesem Pudding erntet von mir immer (noch) ein dickes Hurra!

Für 6-8 Personen

200 g süßer Klebreis
1 Dose (à 400 g) Schwarzaugenbohnen, 5 Minuten in heißem Wasser eingeweicht und abgetropft
50 g Kokoszucker

Zum Servieren
400 ml cremige Kokossauce (siehe Seite 27), erwärmt
1 EL geröstete Erdnüsse (siehe Seite 26)

In einer Schüssel den Reis 1 Stunde in kaltem Wasser einweichen. Abgießen.

In einem Topf 1 l Wasser bei hoher Temperatur zum Kochen bringen. Den Reis hineingeben, den Deckel auflegen und den Reis bei geringer Temperatur 30 Minuten quellen lassen, bis die Mischung die Konsistenz von dickem Porridge hat. Sorgfältig die Bohnen und den Zucker unterrühren. Den Pudding vom Herd nehmen und in Gläsern oder kleinen Schalen anrichten.

Mit der cremigen Kokossauce beträufeln, mit den gerösteten Erdnüssen bestreuen und servieren.

Flour

Mungbohnenlollis mit Sesam

Bánh Cam

Das Schöne an diesem Naschwerk ist, dass man seine Größe variieren kann. Ich mache immer recht große Lollis, wenn sie allein für mich sind, und eher kleine als Partysnack; auch Kinder lieben sie.

Ergibt 24 Lollis

Für den Teig
225 g Klebreismehl
120 g Reismehl
50 g Kartoffelstärke
1 TL Backpulver
1 TL Olivenöl
½ TL Salz
110 g Zucker

1 l Pflanzenöl
250 g helle Sesamsamen
24 Lollistiele

Für die Füllung
150 g getrocknete Mungbohnen
¼ TL Salz

Für den Teig in einer großen Schüssel sämtliches Mehl, die Stärke, das Backpulver sowie das Öl sorgfältig vermengen und vorerst beiseitestellen.

In einem Topf 200 ml Wasser mit dem Salz und dem Zucker bei mittlerer Temperatur erhitzen und umrühren, bis sich der Zucker aufgelöst hat. Den Topf vom Herd nehmen. Die Mischung 30 Minuten abkühlen lassen und anschließend zu der Mehlmischung geben. Den Teig kneten, bis er glatt, geschmeidig und klumpenfrei ist, anschließend mindestens 3 Stunden ruhen lassen. Dabei geht er leicht auf und wird etwas trockener, was das Formen später erleichtert.

In einer Schüssel die Bohnen 1 Stunde in kaltem Wasser einweichen. Abgießen.

In einem Topf die Bohnen mit 250 ml Wasser bei hoher Temperatur zum Kochen bringen. Die Temperatur dann sofort herunterstellen und alles 20–25 Minuten leise köcheln lassen, bis die Bohnen ganz weich sind und das Wasser fast verkocht ist. Immer ein Auge darauf haben, die Bohnen können schnell verbrennen.

Die Bohnen mit einer Schaumkelle herausnehmen und in eine Schüssel geben. Das Salz und 2 EL Wasser hinzufügen. Alles miteinander zerdrücken. Die Masse sollte die Konsistenz von Kartoffelpüree haben, also gegebenenfalls noch etwas Wasser einarbeiten.

Jetzt kommen wir zum spaßigen Teil … rollen wir ein paar Lollis!

Etwa 2 TL von der Masse aufnehmen und auf dem Handteller zu einem runden Fladen von 0,5 cm Dicke und 5 cm Durchmesser ausbreiten. In die Mitte 1 TL der Bohnenfüllung setzen. Die Ränder darüber zusammenführen, versiegeln und zu einer Kugel von etwa der Größe eines Golfballs formen. Die Teighülle darf keine Risse oder Lücken haben.

So den gesamten Teig verarbeiten. Dann die Bällchen in den Sesamsamen wenden, bis sie gleichmäßig bedeckt sind.

In einem Topf das Pflanzenöl bei mittlerer Temperatur auf 160 °C erhitzen. Zur Kontrolle ein Holzstäbchen hineinhalten. Bilden sich erste Bläschen, ist es heiß genug.

So viele Bällchen wie möglich in das heiße Öl geben – sie dürfen sich jedoch nicht berühren –, je nach Größe 8–9 Minuten frittieren und dabei beständig bewegen, bis sie goldgelb und aufgegangen sind.

Die frittierten Bällchen auf Küchenpapier entfetten und abkühlen lassen, anschließend auf Lollispieße stecken und servieren. Viel Spaß beim Naschen!

Register

A

B

C

E

F

G

H

I

K

L

M

N

P

R

S

T

V

W

Z

Danksagung

Gutes Essen macht mich glücklich, das war schon immer so, und ist es dazu hausgemacht von meiner Mutter, füllt es nicht nur meinen Magen, sondern auch noch mein Herz. Seit ich aber selbst Köchin bin, habe ich an einem leeren Teller mehr Freude, als ich eigentlich sollte. Die Vorstellung, Abend für Abend Hunderte hungriger Mäuler zu füllen und anderen diese Freude zuteilwerden zu lassen, war schon immer mein großer Traum.

Mit der Eröffnung meines Restaurants »The Little Viet Kitchen« ist dieser Traum in Erfüllung gegangen und die Befriedigung und Freude, die ich damit erfahre, sind ein unschätzbarer Lohn. Zu tun, was man liebt, heißt, sich einer Sache völlig zu verschreiben, freiwillig, mit großer Offenheit und ohne Hintergedanken. Nur so kann man sich mit aller Leidenschaft und Sorgfalt selbst dem kleinsten Detail widmen, das nur einem selbst wichtig ist.

Die Realität dieses Traums bedeutet jedoch auch Tag für Tag harte Arbeit. Kein Mensch schafft das allein und ich kann mich glücklich schätzen, eine wunderbare Familie zu haben, die mich bei den vielen Arbeitsstunden tatkräftig unterstützt. Es war eine große Freude und mehr, als ich zu hoffen gewagt hatte, meine Vorliebe für gutes Essen in diesem Buch mit Ihnen zu teilen, doch wäre das ohne einige ganz besondere Menschen nicht möglich gewesen.

Nach dem Vietnamkrieg fasste mein Vater den Entschluss, sein Leben auf See zu riskieren, er sah darin die einzige Option, seinen Kindern eine Ausbildung zu ermöglichen, die ihnen Chancen eröffnet. Danke, Ba, du hast Türen geöffnet, von denen ich ohne deinen Mut und deine Liebe nicht einmal erfahren hätte, dass es sie gibt. Ich hoffe, du bist stolz auf mich.

Meine Mutter bedeutet mir alles und wenn ich auch um angemessene Worte ringe, es auszudrücken, so will ich es zumindest versuchen. Sie ist meine Mentorin und meine Inspiration. Alles, was ich als Köchin bin, hat sie mir beigebracht oder beeinflusst. Sie war immer für mich da, bei jedem einzelnen Schritt in meinem Leben, trieb mich an und war immer bereit, mich aufzufangen, wenn ich hinzufallen drohte. Danke, Mẹ, dass du meine Chefin und schärfste Kritikerin bist und mich zu dem Menschen gemacht hast, der ich heute bin.

Die unbesungenen Helden in »The Little Viet Kitchen« sind meine Geschwister, Patissière Hanh Kasperuk und Sous-Chef Anthony Pham. Eure harte Arbeit und unermüdliche Unterstützung halten nicht nur das Restaurant am Laufen, sondern an vielen Tagen auch mich selbst!

Dave Kelly, mein Mann und Geschäftspartner. Danke, dass du an meine verrückten Ideen und Visionen, an meine Träume und Ziele glaubst, die kein anderer Mensch verstehen würde. Deine Liebe macht mich stark, dein Glaube an mich treibt mich an. Mit dir an meiner Seite weiß ich, dass alles möglich ist!

Meine Nichten Eva und Lara und mein Neffe Lucas. Ihr seid noch zu jung, um zu begreifen, wie viel ihr mir bedeutet, doch eure bedingungslose Zuneigung richtet mich selbst an schwersten Tagen auf, und die Freude, die ihr in mein Leben bringt, ist unbezahlbar.

Mein größter Fan und laustärkste Unterstützerin ist meine Schwiegermutter Kay. Deine unermüdliche Unterstützung und deine Begeisterung über jeden noch so geringen Erfolg weiß ich wirklich zu schätzen. Danke.

An Jon Croft, meinen immer charmanten und liebenswürdigen Herausgeber. Danke für den Glauben an mich und für die Einladung in die Familie. Stets Ruhepol und eine feste Bank, hätte ich mir keinen Besseren für die Reise durch dieses Buch wünschen können.

Die Ofentemperaturangaben beziehen sich, wenn nicht anders angegeben, stets auf Ober-/Unterhitze.

Titel der Originalausgabe: *The Little Viet Kitchen*
Erschienen bei Bloomsbury Publishing PLC, London, Großbritannien 2018

Artdirektion und Design: Marie O'Mara
Food & Styling: Thuy Diem Pham
Alle Fotos: David Loftus
Blumen: Sarah Davey, Kitchen Garden Food and Flowers; Location für das Covershooting: deVOL Kitchens, London (devolkitchens.co.uk); Hairstyling (Cover): Kieron Lavine; Make-Up (Cover): Sergio Alvarez Gonzalez; Thuys T-Shirt (Cover): Ted Baker; Thuys Rock (Cover): Mirror Mirror Couture (mirrormirror.uk.com); Fleischlieferant: HG Walter (hgwalter.com); Vietnamesische Lebensmittel: Longdan (longdan.co.uk)

Deutsche Erstausgabe

Ein Unternehmen der La Martinière Groupe

Übersetzung: Helmut Ertl
Projektleitung: Susanne Caesar, Knesebeck Verlag
Lektorat: Annika Genning, Text-Genuss
Umschlaggestaltung: Leonore Höfer, Knesebeck Verlag
Satz: satz & repro Grieb, München
Herstellung: Arnold & Domnick, Leipzig
Druck: C&C Offset Printing Co.
Printed in China

ISBN 978-3-95728-229-3

www.knesebeck-verlag.de